스님의 라이프 스타일

다시 쓴 부처님과 제자들은 어떻게 살았을까

스님의 라이프 스타일

다시 쓴 부처님과 제자들은 어떻게 살았을까

원영 지음

불광출판사

안녕하세요. 원영입니다. 또 다시 계율 이야기를 꺼내자니 망설임이 앞섭니다. 젊은 비구니가 일반 대중을 상대로 계율 이야기를 꺼내는 경우는 한국불교 전체를 보아도 그리 흔치 않은 일이니까요. 그런 상황인지라 다시 계율 이야기를 책으로 정리하는 데는 적잖은 용기가 필요했습니다.

　　일단 이전에 냈던 계율 이야기 책들이 그다지 대중의 눈에 들지 못했고, 계율을 화제로 삼고 싶어 하지 않는 불교계 분위기도 여전하며, 얘기해봤자 서로가 불편해지기만 할 뿐이니까요. 그럼에도 불구하고 다시 한 번 용기를 내어 계율에 대해 이야기를 꺼내는 것은 이것이 제 전공이기도 하고, 이렇게라도 해야 조금이나마 공부한 짐을 더는 기분이 들어서입니다.

사실 제가 계율을 공부할 당시에는 '계율을 전공한다'고 하면 주위에서 모두 말릴 정도로 계율은 인기 없는 분야였습니다. 그리고 그 상황은 지금도 크게 다르지 않은 것 같습니다. 계율은 학문의 영역이 아니라 실천의 영역이라서 그런 것 아닐까, 생각합니다. 2,600여 년 전에 제정한 계율을 현대에 곱씹으며 살아간다는 것은 사실상 불가능한 상황이기 때문이죠.

저는 요즘 작은 암자를 맡아 도량 정비에 여념이 없습니다. 여전히 방송과 강의를 병행하며 자그마한 도량을 살피고 있지요. 이런 와중에 마침 이전에 출판했던 『부처님과 제자들은 어떻게 살았을까』의 재고가 없어 다시 인쇄해야 한다는 연락을 받았습니다. 그러면서 다시 정리해보는 건 어떻겠냐는 요청이 있었지요. 인기도 없는 책을 다시 손봐서 내주겠다는 말에 감사하기도 하고, 미안하기도 했습니다. 어쨌든 책을 다시 정리하기로 마음먹었으니, 조금 더 친절하게 써야겠다 싶었습니다.

    이 책은 『부처님과 제자들은 어떻게 살았을까』의 개정판이라고 볼 수도 있습니다. 부처님 당시 승가가 어떻게 살았는지를 의식주 중심으로 살피고, 또 생활 속에서 지켜야 할 것들에 대해 좀 더 자세히 적었습니다. 그래서 막상 읽어보면 전혀 다른 책이라고 생각하실 것입니다. 제 사적인 이야기는 빼고, 승가의 모습을 좀 더 자세히 그리는 데 중점을 두었거든요. 사실 부처님과 제자들이 어떻게 살았는지 알기 위해선 계율이 담겨 있는 율장만큼 좋은 자료가 없습니다. 율장에서는 부처님의 생생한 모습을 엿볼 수도 있고, 자기 안의 욕망과 치열하게 싸우는 스님들의 모습도 선명하게 그려지거든요. 그야말로 수행하는 삶의 현장을 그대로 느낄 수 있는 것이 바로 율장입니다.

부디 이 책이 좀 더 많은 스님과 불자님들에게 읽힐 수 있었으면 좋겠습니다. 그래서 스님들이 시대와 조화롭게 살아가며, 내적으로도 풍요롭고 행복하기를 소망합니다.

2019년 가을에
청룡암에서 원영 합장

스님의 라이프 스타일

차
례

제 6 장

출가자의 주거 스타일

제 7 장

출가자가 행해야 하는 각종 의식

제 8 장

율장에 나타난 중요한 계율

I

계율을 공부하기 전에
알아두어야 할 것들

벗들이여, 우리는 가르침과 계율을 결집합시다.
예전에 가르침이 아니었던 것이 번영하고,
가르침이었던 것은 쇠퇴하고,
예전에 계율이 아니었던 것이 번영하고,
계율이었던 것은 쇠퇴하고,
예전에 가르침이 아니었던 것을 설하는 자가 강해지고,
가르침이었던 것을 설하는 자가 약해지고,
예전에 계율이 아니었던 것을 설하는 자가 강해지고,
계율이었던 것을 설하는 자가 약해집니다.

율장의 탄생 배경

지금 이 순간에도 불교에 관심을 갖기 시작한 사람들이 있을 것입니다. 물론 더러는 실망해서 불교를 비난하며 떠나는 이들도 있겠지요. 서양에서는 불교도가 늘고 있다고 하는데, 우리나라에서는 신도가 줄어든다며 걱정을 하고 있습니다. 그런데 자세히 들여다보면 이 모두가 불교 승가의 지계(持戒) 생활과 연관이 깊습니다. 실망하고 비난하며 떠나는 이들이 하는 말은 "스님이 어떻게 그럴 수 있지?"이니까요. 시대가 아무리 변하여도 출가 수행자 모임인 승가에 대한 세상 사람들의 기대치는 쉬이 줄어들지 않나 봅니다.

그 옛날 부처님은 세상 사람들에게 고통에서 벗어나기 위한 삶의 법문을 45년간 전해주셨습니다. 기존의 사고방식과는 전혀 다른 관점에서 현실을 직시하도록 가르쳐주셨지요. 그리하여 많은 이들이 부처님의 가르침을 따르며 살게 되었고, 자신의 내면을 깊이 들여다보기 위해 '출가'하여 수행 공동체를 이루기도 하였습니다. 그곳을 '승가(僧伽, saṃgha)'라고 불렀습니다. 산스크리트어로는 '공동체, 화합'이라는 뜻입니다.

부처님은 생의 마지막 순간까지 모든 이의 행복을 위하여, 따뜻한 에너지를 쏟아주시고 열반에 드셨습니다. 스승이 떠나자 제자들은 지도자가 없이 승단을 운영하는 냉혹한 현실에 당면하게 됩니다. 부처님이 계시지 않는 승가에서 스님들은 흔들림 없는 외로운 수행을 계속해야만 했죠. 이 상황을 심각하게 걱정하면서 앞장선 분이 있습니다. 바로 부처님의 상수제자인 마하깟사빠(Mahākassapa, 마하가섭) 존자입니다.

마하깟사빠 존자가 500명의 비구와 함께 부처님께 가던 중 이런 일이 있었다고 합니다. 부처님의 열반 소식을 듣고, 비구들이 애통해하는 가운데 한 비구가 불쾌한 한 마디를 합니다.

> 벗들이여, 그만하시오. 슬퍼하지 마시오. 비탄해하지 마시오.
> 우리는 그 위대한 수행자에게서 해방되었습니다.
> 우리는 '이것은 그대들에게 옳다. 이것은 그르다'라고
> 간섭을 받았습니다.
> 우리는 이제 원하는 것을 할 수 있고,
> 원하지 않는 것을 하지 않을 수 있습니다.

이 말을 들은 깟사빠 존자는 너무나 놀랐습니다. 이렇게 두면 안 되겠다 싶어 얼른 말합니다.

> 벗들이여, 우리는 가르침과 계율을 결집합시다.
> 예전에 가르침이 아니었던 것이 번영하고,

가르침이었던 것은 쇠퇴하고,

예전에 계율이 아니었던 것이 번영하고,

계율이었던 것은 쇠퇴하고,

예전에 가르침이 아니었던 것을 설하는 자가 강해지고,

가르침이었던 것을 설하는 자가 약해지고,

예전에 계율이 아니었던 것을 설하는 자가 강해지고,

계율이었던 것을 설하는 자가 약해집니다.

이렇게 해서 깟사빠 존자가 직접 나서서 500명의 아라한을 뽑아 결집을 주도하게 된 것입니다.

먼저 대중은 꾸시나라(Kusināra, 구시나라·구시나가라)로 가서 슬픔 속에서 부처님의 장례를 7일간 지냈습니다. 이후 다비를 한 뒤, 부처님 사리에 예경하면서 다시 7일을 보내고, 그렇게 보름이 지나고 난 뒤에 선별된 500명이 라자가하(Rājagaha, 왕사성)에 가서 함께 안거에 들게 됩니다.

안거 초반에는 부서지고 무너진 곳을 수리하고, 중기부터 드디어 본격적으로 결집을 시작했다고 합니다.

벗들이여, 참 모임은 내게 귀를 기울이십시오.

만약 참 모임에 옳은 일이라면, 나는 존자 우빨리에게

계율에 대해 묻겠습니다.

깟사빠 존자가 우빨리(Upāli, 우바리) 존자를 지목해서, 우선 율에 대해 질의응답을 하면서 결집이 시작된 것입니다.

대장경의 구성

- 경장과 율장, 논장의 세 가지 장(三藏)으로 이루어진 불교의 성전(聖典)

• 경장(經藏)
부처님이 설한 가르침(法) 모음집
'많이 들은 님 가운데 제일'이라 불리는 아난다가 암송하여 결집

• 율장(律藏)
출가 수행자가 지켜야 할 계율 모음집
'계율을 지키는 님 가운데 제일'인 우빨리가 암송하여 결집

• 논장(論藏)
경장과 율장에 대해 연구, 해석한 것을 모은 책

스님의 라이프 스타일

우빨리 존자는 누구인가

그럼 우빨리 존자는 어떤 분일까요?

우빨리 존자는 부처님의 출가제자 중에서도 '계율을 지키는 님 가운데 제일'이라고 평가받는 분입니다. 우빨리 존자는 출가 전 부처님의 고향인 까삘라(Kapila, 가비라) 성에서 왕족인 사꺄(Sakya, 석가)족의 머리와 수염 깎는 것을 담당하던 궁중 이발사였다고 합니다.

아누룻다(Anuruddha, 아나율)와 그의 조카들이 출가하러 부처님을 찾아올 때 그들과 동행했는데, 왕자들이 값비싼 패물을 모두 그에게 넘겨주며 돌아가라고 했으나 거절하고 출가하여 수행자가 되었죠.

부처님은 왕자들과 함께 온 천한 신분의 우빨리가 출가할 수 있도록 허락했습니다. 뿐만 아니라 오히려 우빨리가 왕자들보다 먼저 출가를 하게 됩니다. 천민 이발사 출신의 우빨리가 왕자들보다 선배 수행자가 된 것이죠. 당시로선 굉장히 이례적인 일이 아닐 수 없습니다.

부처님은 이 우빨리에게 율에 대한 모든 것을 전해주셨다고 합니다. 또한 우빨리 존자는 율 가운데 애매모호한 사항이 있거나 판결이 어려운 사건이 발생할 때마다 부처님께 수시로 찾아가 율에 관해 여쭈었고, 덕분에 율에 대해 그 누구보다 해박한 지식을 얻을 수 있었습니다. 그래서일까요. 계율과 관련된 우빨리와 부처님의 질의응답이 별도로 정리되어 있을 정도입니다.

이런 우빨리 존자가 깟사빠 존자의 지목을 받고 대답합니다.

> 존자들이여, 승가는 제 말에 귀를 기울이십시오. 만약 승가
> 에 옳은 일이라면, 저는 존자 마하깟사빠의 계율에 대한 물
> 음에 대답하겠습니다.

이렇게 해서 율장이 우빨리에 의해 송출되고 확인되었습니다. 깟사빠
존자는 율이 제정된 사건에 대해 자세히 물었습니다. 첫 번째 바라이 죄
의 내용은 무엇이었는지, 어떻게 그 일이 일어났는지, 연루된 사람은 누
구였는지, 어떤 계율이 정해졌는지, 추가로 더 정해진 것은 무엇인지, 위
반은 무엇이고 위반 아닌 것은 무엇인지 등등을 상세히 물은 것입니다.
그러면 우빨리 존자는 그 상황들을 정확하게, 그리고 낱낱이 설명했습
니다. 매번 이렇게 계율이 하나 마무리될 때마다 500명의 대중이 함께
확인하여 합송한 뒤에 다음으로 넘어갔습니다.

 이와 같은 방식으로 원만한 승가 운영을 위해, 그리고 출가자 자신
의 정신과 마음을 제어하기 위한 율장(律藏)이 탄생한 것입니다.

율장이 필요했던 승가

불교가 지금까지 유지, 전승해올 수 있었던 것은 부처님의 가르침을 따르는 무리, 즉 '승가'가 유지되어왔기 때문입니다. 승가를 구성하는 출가자들은 결혼을 하지 않고 살아갈 것을 다짐했으며, 이미 결혼한 이들은 가족과 헤어져 돌아오지 않겠다고 결심한 뒤 승가로 들어왔지요. 자신이 소유하고 있던 모든 것과 결별을 선언하고, 자신이 연관되어 있던 모든 인연과 소유로부터 벗어나 숲으로 들어왔습니다. 그야말로 애욕과 욕망이 깃들 만한 것들로부터의 자유를 선택한 것입니다.

그러면서 그들은 소박하게 입고 묵묵하게 걸식했으며, 오로지 남이 주는 것에만 의존하여 살아갔습니다. 최소한의 생계를 유지하는 것만으로도 만족하며 행복해지는 법을 부처님의 가르침으로부터 배웠습니다. 그 어떤 생산 활동도 하지 않았고, 타인의 보시에 의존하면서 세속과 연결된 끈을 놓아버리고, 자기중심적인 마음의 뿌리를 잘라내고자 노력하며 살아갔습니다.

출가자의 이러한 생활 방식으로 인해 승가는 세상으로부터 존경받을 수 있었던 것입니다. 생존이 보장된 그들은 소망대로 스스로를 다스릴 줄 아는 삶을 영위해갔습니다. 수행을 통해 흔들림 없는 내면의 평온을 유지하면서 고양된 인간성을 성취하는 길로 한 걸음, 한 걸음 차분하게 걸어갔지요. 그러한 승가 공동체 안에서의 생활은 곧 삶을 완전히 바꾸는 계기를 마련해주었습니다.

하지만, 제아무리 정신적으로 깨어 있는 훈련을 하고 인간 본성의 덧없음을 인식하며 수행하더라도, 인간의 욕망에는 끝이 없으니 갈등은 일어나게 마련입니다. 인생을 불만족스럽게 만드는 것은 세상에서의 삶만 그런 것이 아닙니다. 승가라 하더라도 그들 안에 오랫동안 억눌렸던 인간의 욕망은 승가 안에서 그들이 원치 않았던 또 다른 세상을 만들어버린 것입니다.

돌아보면 한국불교에서도 마찬가지였던 것 같습니다. 세상을 떠나 출가해보니 녹록치 않은 또 다른 세상이 기다리고 있었던 것이죠. 그렇게 또 하나의 새로운 사회가 형성되자, 그들 사이에서는 충돌이 발생하기도 하고, 서로에게 씻을 수 없는 상처를 안기기도 했습니다.

부처님은 제자들이 자신의 정신과 마음을 제어하지 못하는 것을 지켜보면서 그들의 욕망을 단속할 규범들을 사건이 생길 때마다 계(戒, śīla)와 율(律, vinaya)로 하나씩 제정해가기 시작했습니다. 이를 수범수제(隨犯隨制)라고 합니다. 잘못이 생기면 그때마다 이를 규제할 계율을 만들었다는 뜻입니다. 그리고 우빨리 존자에 의해 그 내용을 모아 완성된 것이 '율장'입니다.

계와 율

율장을 공부하기 위해선 우선 용어부터 제대로 알아둘 필요가 있습니다. 먼저 계율에 관해 설명을 해드리겠습니다.

'계(戒)'라는 말은 √sīl(명상하다, 실천하다)이라는 동사의 파생어인 실라(sīla)에서 온 것인데요. 여기에는 '성질, 습관, 행위' 등의 의미가 포함되어 있었습니다. 그러던 것이 점차 불교 용어로 정착하기 시작하면서 '좋은 습관, 선한 행위, 도덕적 행위' 등을 의미하게 되었죠. 즉, 자발적 의지에 의한 선한 행위나 좋은 습관을 쌓도록 하는 것을 '계'라고 합니다.

계는 율과는 전혀 다른 관점에서 제정되었습니다. 부처님 당시에 인도 사회에서 널리 행해지고, 권해지던 도덕적 행위들이 전부 계에 해당됩니다. 가장 기본적인 것으로 살(殺)·도(盜)·음(淫)·망(妄)·주(酒)를 멀리하라는 내용이 있습니다. 우리가 잘 알고 있는 오계(五戒)의 내용이죠. 이 모두가 지금 시대에 보아도 전혀 이상하게 여겨지지 않을 만큼 도덕적으로 당연시되는 것들이라고 할 수 있습니다.

지금도 공감대를 충분히 형성하고 있는 오계는 지금껏 제정된 여러 가지 계율 중에서도 그 성립이 매우 빠른 편입니다. 고대 인도 사회에 이미 존재하고 있었으니까요. 불교계에서는 일반적으로 오계를 불교의 재가신도를 위한 계로서 인식하고 있지만, 초기에는 출가·재가 공통의 규정이었습니다. 즉, 출가자나 재가자 관계없이 스스로 강제성을 띄지 않아도 알아서 지키는 것이 바로 계였던 것이죠.

그래서 계는 승가라고 하는 종교 집단과는 별 관계가 없다고도 말할 수 있습니다. 수행자뿐만 아니라 누구라도, 개인 개인이 깨달음을 향해 나아가기 위한 생활 기준이니까요. 따라서 계는 우리 사회의 윤리 도덕과도 같은 개념이라고 보면 됩니다.

한 사람, 한 사람의 인격이 보다 좋아지기를 바라는 것처럼, 계는 불교를 통해 수행하고 있는 개개인의 인격적 성숙을 목적으로 합니다. 내가 담배를 끊어야겠다고 결심하고 실천에 옮기면 그것이 곧 계가 되는 것이고, 내가 술을 끊어야겠다고 결심하고 노력하면 그 또한 하나의 계가 되는 것입니다. 그러므로 계는 꼭 오계만을 말하는 것이 아닙니다. 오계 가운데 하나여도 좋고, 둘이어도 좋습니다. 매일 새벽 5시에 일어나겠다고 결심하고 실천하는 것 또한 자신에게는 계가 될 수 있어요. 내가 지킬 수 있는 내용을 가지고 성실히 이행한다면, 그것이 곧 나에게 맞는 생활 계율이 되는 것입니다.

이와 같이 계는 올바른 행동을 지속적으로 실천하여 몸에 좋은 습관이 물들게 함으로써 깨달음의 세계로 이끕니다. 따라서 출가와 재가를 불문하고 모든 이가 기본적으로 지녀야 할 윤리적 규범이 모두 여기에 해당된다고 보면 됩니다.

한편 '율(律)'은 본래 '제거하다, 훈련하다, 교육하다'라는 의미를 지니는 동사 vi - √nī에서 파생된 비나야(vinaya)에서 온 말입니다. 그 안에는 '제거, 규칙, 행위 규범'의 의미가 담겨 있어서 심신을 잘 다스려 번뇌가 일어나거나 악행을 저지르지 않도록 하고, 나쁜 습관을 버려서 올바른 방향으로 이끌어나간다는 의도가 내재되어 있습니다. 이것을 불교에서는 '승가 운영을 위한 규칙'을 일컫는 단어로 쓴 것입니다.

다시 말해서 율이라는 것은 승가라고 하는 집단 속에서 적용되는 법률을 말합니다. 그것은 승려 개개인의 수행이나 깨달음에 목적이 있는 것이 아니에요. 율은 어디까지나 승가라고 하는 종교 집단을 운영하고 유지, 발전시키는 데 그 목적이 있습니다.

승가가 일반 사회로부터 존경받고, 보시 받아 생활하기 위해서는 승가 구성원 전체가 율이라고 하는 올바른 규범을 기반으로 해서 생활하지 않으면 안 됩니다. 진리를 깨닫기 위해서 지켜야 하는 것이 아니라, 승가라고 하는 공동체를 유지하고 발전시켜나가기 위해서 정해진 것이죠. 마치 나라의 법률처럼 말입니다.

사회법도 법을 어기는 자에 대해서는 처벌을 내리듯이 승가의 율도 벌칙을 동반합니다. 대신 그 벌을 주는 주체는 승가가 됩니다.

스님들은 혼자 살지 않잖아요. 혼자 살아도 혼자가 아닙니다. 승가를 형성하고 단체 생활을 하는 경우에는 더욱 그렇습니다. 단 한 사람의 행동이 승가 전체의 이미지를 좌우합니다. 그 한 명의 잘못된 행동으로 인해 승가 전체가 일반 사회로부터 비난받는 경우가 있어요. 100명 중 99명이 수행 생활을 열심히 하고 있어도, 한 사람이 나쁜 행동을 하면 세상 사람들로부터 승가 전체가 비난받게 되는 것이죠.

세상 사람들로부터 비난받는다는 것은 곧 출가자를 원조하는 재가자의 보시가 끊어지는 것을 의미합니다. 그렇게 되면 결국 수행 생활을 유지할 수 없게 됩니다. 따라서 승가 구성원 전원이 세상의 비난을 받지 않도록 모두 수행자답게 행동하는 것이 중요하죠.

"율장"은 이렇게 승려 개개인을 규율하는 '승가 규칙의 모음집'입니다. 다만 지금 우리는 계와 율을 혼용하여 계율이라는 합성어로 사용합니다. 그러나 원칙적으로 보면 율장은 스님들의 율만을 담은 것을 말합니다.

계(戒)
- √śīl(명상하다, 실천하다)이라는 동사의 파생어인 실라(sīla, śīla)의 한역으로, '성질·특징·습관·행위' 등을 의미
- 불교에서는 '좋은 습관·좋은 특징·선한 행위·도덕적 행위' 등을 뜻함. 즉, 자발적으로 선한 행위를 하고자 하는 노력.
- 출가와 재가를 불문하고 모든 이들이 지녀야 할 윤리적 규범

율(律)
- 동사 vi-√nī'(제거하다, 훈련하다, 교육하다)로부터 파생된 명사인 비나야(vinaya)의 한역. 비나야는 제거나 폐지, 규칙, 행위 규범 등의 의미. '조복(調伏)·선도(善導)·멸(滅)' 등으로도 번역
- 심신을 잘 다스려 번뇌나 악행을 제거하고 나쁜 습관을 버리게 해서 올바른 방향으로 이끌어나간다는 뜻. 이후 승가 공동체의 규칙을 일컫는 말로 사용
- 승가의 원만한 운영과 화합을 위해 승가가 제시한 규정으로 처벌을 동반. 자율성이 강조되는 계와는 대조되는 개념

스님의 라이프 스타일

율장의 구성

율장은 출가자들이 개인적으로 지켜야 할 규칙과 공동으로 시행해야 할 규칙으로 구성됩니다. 개인적으로 지켜야 할 규칙을 '학처(學處)'라고 하고, 이를 모은 것을 바라제목차(波羅提木叉)라고 부릅니다.

바라제목차는 승가 규정에 대한 위반 사항을 무거운 죄에서 가벼운 죄까지 여덟 가지로 나누어 정리하고 있습니다.

1. 바라이(波羅夷, pārājikā): 출가자로서의 자격을 상실하고 추방되는 규정
2. 승잔(僧殘, sanghādisesa): 출가자로서의 자격 정지, 승가에 남아 있을 수 있는 죄 가운데 가장 무거운 규정
3. 부정(不定, aniyata): 여성과 자리를 함께한 경우의 규정, 비구니에게는 없음
4. 사타(捨墮, nissaggiya - pācittiya): 소유가 금지된 물건을 소유했을 경우의 규정
5. 바일제(波逸提, pācittiya): 언어, 행동 등 생활 규범으로 인하여 생긴 규정
6. 바라제제사니(波羅提提舍尼, pātidesanīya): 타인에게 고백하고 참회하는 규정

7. 중학(衆學, sekhiya): 받아서는 안 되는 음식을 받은 경우의
규정

8. 멸쟁(滅諍, adhikarana‑samatha): 승가 내 분쟁 해결 규정

사실 출가자가 지켜야 할 율 항목은 다 외우지도 못할 정도로 많습니다.
또 현존하는 율장마다 조금씩 그 항목 수도 달라서 빨리율은 비구 227계
비구니 311계, 『사분율』은 비구 250계 비구니 348계, 『오분율』은 비구
251계 비구니 380계, 『십송율』은 비구 257계 비구니 355계, 『근본설일
체유부율』은 비구 249계 비구니 357계이며, 『마하승기율』은 비구 218
계 비구니 390계입니다. 내용은 비슷한데, 항목 수에 차이가 좀 있습니
다. 물론 숫자가 그리 중요한 것은 아닙니다.

　이처럼 율 항목이 다른 이유는 단일 교단이었던 부처님 생존 당시
와는 달리, 입멸 후 사회와 경제가 변화함에 따라 스님들 사이에 계율에
대한 해석과 불교 교리에 대한 철학적 견해 등이 대립되면서 여러 부파
(18~20부)로 나누어지게 되었기 때문입니다.

　이밖에 공동으로 시행해야 할 규칙에는 출가자의 입단 의식인 수계
(受戒)와 3개월간 한곳에 머물러 수행하는 안거(安居, vassavasa), 반성회
성격이 강한 자자(自恣, pavarana), 율장을 암송하는 포살(布薩, uposatha)
등 의식과 관련된 항목이 있습니다.

　이러한 승가의 운영 법규를 '건도(犍度, khandhaka)'라고 하는데, 이는

승가 질서를 유지하고 수행에 전념할 수 있게 제정된 규범입니다. 승가 내의 스님들이 한자리에 모여 의견을 조율하거나 합의를 이끌어내는 행위 대부분이 여기에 해당된다고 보시면 되겠습니다.

계와 승가

승가를 형성하려면, 출가자들의 거주 영역을 정하는 것이 중요합니다. 모든 대중에게 공지하고, 영역을 묶어놓는 것을 '계(界, sīmā)'라고 합니다. 즉, 계는 승가가 머무는 곳의 공간 영역을 말합니다. 이렇게 묶어놓은 승가의 영역은 수계와 같은 특별한 행사를 할 때 별도로 지정하여 사용하기도 하고, 출가자들이 주거 경계를 설정하는 의미로도 사용됩니다. 따라서 계의 설정은 승가가 주요 행사를 하기 위해서는 필수적인 것이죠.

예를 들어 우리나라 통도사에는 스님들이 수계할 때 사용되는 금강계단(金剛戒壇)이 있는데요. 이 금강계단은 금강과 같이 단단하고 보배로운 규범을 받아 지니는 단이란 뜻입니다. 현존하는 형태는 고려 시대와 조선 시대를 거쳐 일곱 차례나 수리된 것이어서 본래의 형태를 그대로 유지한다고 말할 수는 없습니다. 하지만 출가 수계를 위한 것이라는 계단의 설립 의도는 변함이 없습니다.

더욱이 신라 시대 자장 율사에 의해 설립되어 전통 있는 통도사 금강계단은 현실을 초월하는 상징적 이미지가 선명합니다. 긴긴 세월의 무게에 소리 없이 사위어가는 돌계단은 부처님과 역대 조사, 그리고 지금의 우리를 연결시켜주는 중요한 매개체가 되어주죠. 그 계단 위에서 과거에 수계했던 수많은 이와 지금 수계하고 있는 이, 또 앞으로 수계할 이가 모두 하나가 됩니다. 이런 금강계단 역시 계를 설정해 사용한 것입니다.

계는 누구라도 알 수 있는 표시를 기점으로 경계선을 결정합니다. 어디어디의 큰 바위부터 어느 나무까지를 한쪽으로 하고, 그 분기점과 어느 집 건너부터 어느 강까지를 한쪽으로 한 표시를 서로 연결해 하나의 계로 정하는 것이죠. 이것을 '결계(結界)'라고 합니다.

결계는 매번 설정된 계(界) 안에서 승가 전원이 모여 정해진 형식을 거쳐 성립됩니다. 결계를 하는 것은 그리 어렵지 않아요. 승가 대중이 다 모여 합의만 하면 금세 만들 수도 있고, 다시 없앨 수도 있습니다. 다만 중복은 안 됩니다. 하나의 계 영역이 동시에 두 개의 승가에 속하게 되면 갈등이 생길 수도 있기 때문이죠.

만약 재가자가 기부한 동산을 승가가 독자적으로 소유해서 그곳에 정사를 세웠을 경우, 그 부지의 경계를 그대로 계의 경계로 삼기도 합니다. 기부한 장소 그대로 계의 영역인 것이죠. 이때 주의할 점은 계는 땅의 소유권과는 무관하다는 점입니다.

계는 승가의 개념을 정의하는 데 아주 중요한 역할을 합니다. 승가는 현전승가(現前僧伽)와 사방승가(四方僧伽)로 구분할 수 있는데, 현전승가는 계를 영역으로 하는 현실적인 승가, 즉 '현재 승가 구성원이 살고 있는, 현존하는 눈앞의 승가' 개념입니다.

반면 사방승가는 '불교계 전체가 하나의 승가'라고 하는 이상적인 발상에서 나온 개념입니다. 이 개념에 따르면, 지구상에 존재하는 모든 승가가 다 하나의 승가인 셈입니다. 태국불교 승가든, 중국불교 승가든, 한국불교 승가든 상관없습니다. 모두가 하나의 사방승가죠. 사방승가는 실제로 어떤 행동을 하는 승가가 아닙니다. 다만 불교에 몸담고 있는 출가자라면 항상 불교 승가를 염두에 두고 살아가는 것처럼, 사방승가의 개념 또한 출가자들이 소속감을 갖게 하는 이상적인 개념의 승가라고 할 수 있습니다.

부처님 당시에는 현전승가라고 하는 승가 공동체가 넓은 인도 땅에 산재해 있으면서 별도의 갈마 공동체를 운영했습니다. 다시 말해서 현전승가는 모든 승가를 하나의 승가로 보는 관념적 의미의 사방승가와 대비되는 개념으로, 현재 눈앞에 보이는 경계에 따라 정해진 승가 영역을 말합니다. 하지만 오늘날 제가 몸담고 있는 조계종단은 4인 이상으로 구성된 작은 단위의 현전승가를 말하는 것이 아니라, 전국의 스님들을 동일한 종헌종법으로 규율하는 갈마 공동체로써 현전승가를 단일하게 묶은 개념에 해당된다는 것을 기억할 필요가 있습니다.

승가의 개념을 중요하게 설명하는 이유는 승가 소유물에 관한 이야기를 하고자 함입니다. 예를 들어 신도가 마련한 음식 공양물의 경우, 그것은 스님들이 나누어 먹고 금방 소비되는 것이기 때문에 그 공양은 현전승가에 대해 베푼 것입니다. 음식물을 사방승가에 공양했다고 한다면, 전 세계의 출가자들에게 나누어주어야겠죠. 그런데 현실적으로 그런 공양은 있을 수 없습니다.

스님의 라이프 스타일

한편, 신도가 건물을 시주했거나 침구 등 내구 소비재를 기부할 경우에는 사방승가에 보시하는 것이 됩니다. 그것을 현재 승가에 기부한다 하더라도 현전승가에 살고 있는 스님들의 전유물이 되지는 않는다는 얘기죠. 앞으로 출가할 모든 스님에게도 사용할 권리가 있는 것입니다.

출가자 측에서 보아도 사방승가라는 개념의 현실적 효용은 매우 큽니다. 이 절에서 저 절로 이동했을 경우, 옮겨간 절에서 사방승가의 소유물을 함께 이용할 수 있기 때문이에요. 이와 같이 사방승가의 개념은 추상적이지만, 출가자들의 일상생활을 지탱하는 중요한 기반이 됩니다. 그러니까 출가자는 현전승가의 의식을 통해 승가의 일원이 됨과 동시에 사방승가의 일원도 되는 것입니다.

계(界, sīmā)
승단의 공간 영역을 말하는 것으로, 계의 설정은 승가 주요 행사를 하기 위해서는 필수적으로 이루어져야 함

승가의 분류
- 현전승가 : 눈앞에 존재해 있는 승가, 인도어로 모임을 의미
- 사방승가 : 전 불교계를 하나의 승가로 보는 관점에서 탄생

부파분열과 대승불교의 성립

마하깟사빠 존자와 많은 출가자들의 노력 끝에 승가는 부처님이 계시지 않을 때에도 교단을 확대할 수 있었고, 결집된 율장은 동서남북 각지로 전래되었습니다. 그러나 적극적으로 부처님의 메시지를 여러 지역으로 전파하다보니, 그 과정에서 각 지역의 특성과 환경에 따라 교리나 율의 해석에 대한 대립이나 충돌이 발생하는 일도 생겼습니다.

단적으로 드러난 예가 부처님 열반 후 100년경에 시작된 승가 최초의 분열입니다. 인도의 웨살리(Vesali, 비사리)라는 도시에서 한 비구가 재가자에게서 돈을 직접 받은 일에서 비롯되어 '제2결집'으로 이어진 사건입니다. 이처럼 처음 승가가 다투게 된 것은 돈 때문이었습니다. 예나 지금이나 돈이 문제인가 봅니다. 아무튼 이 논쟁으로 인해 부처님 생존 당시에 제정된 율 조항은 그 유연성을 잃게 되었고, 앞으로 율장에서 예외 조항은 절대로 인정하지 않겠다는 결정을 내리게 되었답니다. 많이 아쉬운 대목이죠.

승가는 결국 이 사건을 화합으로 이끌지 못하고, 분열을 초래하는 결과를 낳았습니다. 스님들 각자가 파를 나누어 서로 대립하면서 불교는 새로운 시대로 넘어갑니다. 이것을 '근본분열'이라고 합니다.

승가는 크게 전통적인 입장을 고수하는 상좌부 계통과 율 조항의 유연성을 인정하는 대중부 계통으로 나누어졌습니다. 이후 100여 년 사이

스님의 라이프 스타일

에 상좌부와 대중부 안에서도 분열이 여러 번 거듭되면서 발전하였고, 불교사에서는 그것을 '지말분열'이라고 합니다. 이 부파들 또한 크고 작은 세력이 있어 많은 부파들이 존재했는데, 많은 부파가 존재한 이 시기를 우리는 '부파불교 시대'라고 합니다.

처음 부파가 나누어지게 된 까닭은 율 규칙을 옛 것 그대로 준수할 것인가, 그렇지 않으면 더 많은 사람과 공감할 수 있는 현실에 맞는 규정으로 바꾸어 적용할 것인가 하는 문제였지요. 하지만 시간이 흐르면서 각 부파는 각자 다른 해석을 내놓으며 더욱 형식화되었고, 교리나 수행의 문제조차 학문적 연구나 해석에 몰두하면서 끝없는 갈등으로 치달았습니다.

이러한 당시 인도불교에서 새로운 불교를 만들자는 운동이 일어나게 됩니다. 지혜를 바탕으로 실천(육바라밀, 십바라밀, 십선행, 사섭법, 사무량심, 삼취정계 등)을 더욱 강조하기 시작한 거죠. 이에 앞장서서 실천하는 사람을 '보살(菩薩, 보디사트바bodhisattva)'이라 불렀습니다. 즉, 보살이 주인공이 되는 불교 시대가 펼쳐진 것입니다. 이러한 불교를 '대승불교'라고 합니다. 출가승단의 입장에 머물러 있었던 불교가 일반 대중을 위한 불교로 바뀌기 시작한 것이죠.

불교가 대중을 위한 대승불교로 변모한 것에는 여러 요인이 있지만, 그중에서도 불교의 가르침이 가지고 있는 보편성을 꼽을 수 있습니다. 불교는 인간을 비롯한 모든 살아 있는 존재(중생衆生)의 문제를 다루며 그에 대한 가르침을 주는데, 언젠가부터 출가자(승단)를 위한 전문적인 공부 방법만이 강조되는 쪽으로 흘렀던 겁니다. 그래서 출가 승단의 울타리에 갇힌 불교가 아니라, 일반 대중이 이해하고 실천할 수 있는 보편적 불교를 만들 수밖에 없었던 것 같습니다.

이때가 기원 전후였습니다. 이 시기에 형성된 대승불교는 수많은 대승경전을 편찬하고 논서를 제작했고, 왕성한 전법 의지로 단기간에 확산되었습니다. 다만 서쪽으로 간 대승불교는 큰 꽃을 피워내지 못했습니다. 동쪽으로 간 불교만이 그야말로 동아시아의 세계관을 온통 뒤흔들 정도로 존중받아 지배 계층은 물론 일반 민중에까지 불심을 심어주는 역할을 했습니다. 동아시아에 와서 이렇게 활짝 피어난 대승불교의 가르침은 동양문화의 핵심을 이루는 정신이 되어 21세기인 오늘날에까지 이어지고 있습니다.

제2결집

부처님 입멸 100여 년 후, 계율에 대한 해석 차이에서 비롯된 사건이다.

제2결집을 도모하게 된 계기가 된 사람은 야사(Yasa) 비구로, 당시 그는 상업 도시인 웨살리를 방문했다가 거기에서 왓지족 출신의 비구들이 신도들로부터 금은을 보시받는 것을 보고 그 잘못을 지적했다. 그러나 웨살리의 비구들이 참회하지 않자 야사는 자기 지역 스님들에게 이 사실을 알리고 이를 시정할 수 있도록 도움을 요청했다. 이 문제를 해결하기 위해 비구들이 웨살리에 모여 논의하게 되는데, 웨살리의 비구들은 보다 융통성 있는 해석을 원했고 코살라 국의 장로(長老) 야사와 그를 따르는 비구들은 전통을 흔들림 없이 계승해야 한다고 주장했다. 당시 문제가 되었던 것은 웨살리 왓지족 비구들의 열 가지 생활 규율이었다. 이를 십사(十事)라고 부른다.

스님의 라이프 스타일

웨살리의 왓지족 비구들이 주장한 십사

① 염정(鹽淨): 원칙적으로 출가 비구는 음식을 저장할 수 없다. 그러나 웨살리 비구들은 소금을 약(藥)으로서가 아니고 음식물로서 보관해 두었다가 먹는 것을 합법(淨)이라고 주장했다.

② 이지정(二指淨): 비구는 정오까지의 정시에 모든 식사를 끝내야 한다. 그러나 웨살리 비구들은 태양의 그림자가 정오에서 두 손가락 길이 정도를 지날 때까지는 식사를 허용했다.

③ 취락간정(聚落間淨): 한 번 탁발해서 식사를 한 후에도 오전 중이라면 다른 마을에 가서 탁발할 수 있다는 견해.

④ 주처정(住處淨): 한곳에서 포살을 하지 않고 다른 곳에서도 포살을 할 수 있다. 같은 경계(sīmā) 안에 있는 비구들이 전부 모이기가 번거로우므로 각 주처에서 따로 포살을 행할 수 있다고 주장.

⑤ 수의정(隨意淨): 원칙적으로 승가의 일을 논의할 땐 전원 참석이 요구되는데 모든 비구가 참석하지 않은 상태에서 어떤 사항을 결정한 후 나중에 다른 비구들이 왔을 때 결정된 사실을 알리고 허가를 받아도 정법이라는 것.

⑥ 상법정(常法淨): 스승의 시대부터 관습적으로 행해온 것을 자신이 행하는 것도 합법이며, 출가하기 이전에 행하던 것을 출가 이후에도 행하는 것은 합법이라고 주장.

⑦ 생화합정(生和合淨): 정오 이후엔 물이나 과즙과 같은 액상 음료 외에는 먹는 것이 금지되어 있었는데, 웨살리 비구들은 오후에 석밀(石蜜) 등을 섞은 우유를 정오 이후에 마시는 것도 합법이라고 보았다.

⑧ 음도루가주정(飮闍樓伽酒淨): 아직 발효되지 않은 술을 마시는 것은 합법이라는 주장.

⑨ 좌구정(坐具淨): 좌구를 만들 때 규정에 따르지 않고 자신의 취향대로 만들어도 무방하다는 주장.

⑩ 금은정(金銀淨): 금은이나 돈을 소유하거나 저축하여도 합법이라고 보았다.

보편적 윤리인 대승보살계

앞서도 말했듯이, 대승불교가 일어날 당시에 출가자들은 사람들의 존경과 신망을 얻지 못했습니다. 불교가 아무리 훌륭한 교리를 가지고 있다 하더라도, 그것을 전달하는 이들의 모습에서 자비와 겸손, 배려와 친절을 발견할 수 없다면 사람들은 그들에게서 삶의 지혜를 얻으려 하지 않을 테죠. 설령 그들이 뼈만 앙상하게 남을 정도로 수행에 몰두하며 살아간다고 해도 마찬가지입니다. 주위를 돌아보지 않고 차가운 모습으로 살아갈 뿐이라면, 잠시나마 가졌던 존경심도 순식간에 사라지고 말 것은 자명한 이치입니다. 그런데 대승불교 흥기 당시, 승가의 모습이 그러했다고 합니다.

그래서 대승불교의 보살들은 세상의 모든 존재 앞에서 상냥하고 친절하게 행동하기를 서원했습니다. 자비로움이 가득한, 따뜻하고 유익한 언어로 되도록이면 평온하게 자신의 생각을 표현하고자 했으며, 자기를 보호하기보다는 남을 먼저 생각하며 그들의 행복과 이익을 위해 적극적으로 자비를 실천하고자 했습니다. 그러다 보니 자연스럽게 자기 내면 깊은 곳으로 흘러들어 혼자서만 지키는 규율이 아니라, 자신이 속한 사회 속에서 내 이웃과 함께 실천할 수 있는 보편적 윤리를 중시하게 되었습니다.

다시 말해서, 불교와 인류의 역사 위에서 모두를 위한 자비의 윤리가 필요하게 된 것입니다. 바로 이때 등장한 것이 '대승보살계(大乘菩薩戒)'입니다. 바로 대승보살들이 지녀야 할 계율이지요. 대승보살계는 성립 과정에서 '율의계(律儀戒), 섭선법계(攝善法戒), 요익중생계(饒益衆生戒)'의 삼취정계(三聚淨戒)로 정리되어 자비 사상에 입각한 이타적 생명관을 전개했습니다.

먼저 종교를 믿는 사람이라면 누구나 가지고 있는 도덕의 개념과 성스러운 영역으로 분류되던 승가의 규율을 조화롭게 적용시켜서 율의계의 개념을 정립시켰습니다. 여기에는 불교 교단의 전 구성원이 지켜야 할 계와 율이 모두 포함됩니다.

한편, 섭선법계는 몸과 입과 뜻으로 쌓아가는 모든 선을 말합니다. 이는 인간을 고통으로 몰아가는 탐냄과 성냄과 어리석음에서 벗어나기 위한 행위 전체를 가리키는 것으로, 자신의 욕망을 내려놓기 위해 절을 하고, 어리석음을 일깨우기 위해 법회에 참석하여 법문을 듣고, 참회를 위해 포살을 하며, 깨어 있는 상태를 유지하기 위해 경을 독송하고 명상을 하는 등, 자신의 선업(善業)을 위해 행하는 모든 종교적 행위를 말합니다.

이러한 섭선법계의 등장은 계율을 단순한 규칙 체계라고 생각하는 우리의 인식을 바꿔주었습니다. 또한 자신의 선업을 위해 노력하는 태도는 출가율과 대승계 사이의 충돌을 해결하는 특별한 대안이 되었습니다. 앞의 율의계가 엄격한 고결함을 추구했다면, 섭선법계는 누구라도 보편적 법칙에 근거해서 자발적으로 노력하라고 말합니다.

마지막 요익중생계는 대승계는 물론, 대승불교의 핵심 사상입니다. 모두를 이롭게 한다는 순수한 목적 아래 제시된 요익중생계는, 내가 갖게 될 이익이 다른 사람의 이익보다 더 중요하다고 생각하는 인간의 자연스런 판단을 완전히 부정합니다. 내 이익이 남의 이익보다 우선시 되어서는 안 된다는 윤리적 결정을 확실하게 내리고 있습니다.

대승계에서는 모든 행위의 가치 판단 기준을 '그것이 과연 중생을 위한 일인가'에 둡니다. 모든 판단이 남을 돕는 행위를 기준으로 한다는 말이죠. 그래서 대승보살의 계는 출가를 하고 안 하고의 여부를 문제 삼지 않습니다. 대승보살의 삶은 시간과 역사를 포기하지 않고, 있는 그대로의 삶을 긍정하면서 바로 그 자리에서 실천하는 것에 더 큰 의의를 두기 때문입니다.

스님의 라이프 스타일

승제와 도첩

인도불교 승가에 계와 율이 있었다면, 중국불교 승가에는 승제와 청규가 있습니다. 중국불교 승가에서는 스님들을 단속하기 위해 따로 승제를 제정하고, 사원 건축과 보존, 계단의 국가 운영에 의한 출가의 인가 등을 실행했거든요.

인도에서처럼 스님들은 중국 사회에서도 존경받고 있었습니다. 세속을 벗어난 고결한 사람이라고 여겨 방외사(方外士)라 부르기도 했습니다. 이와는 반대로 한편에선 납세나 병역 등에서 스님들이 누리는 특권 때문에, 사회적으로 비난의 대상이 되기도 했었죠. 그러나 그 모든 특권도 사실은 스님들이 국가의 통제 아래에 있었기 때문에 가질 수 있었던 것입니다.

중국불교에 있는 승제(僧制)는 다양한 성격의 각종 형태가 있었습니다. 율에 따라 사찰의 개별적인 사정에 대응하는 규칙이라든지, 승려에 대한 국가의 통제에 관한 것 등이 그것입니다. 예를 들면, 출가하여 비구가 된다는 것은 곧 구족계를 받는 것인데, 그 증명을 위해 중국에서는 도첩(度牒)이라고 불리는 면허증을 받아야 했습니다. 국가의 허락 없이는 출가해선 안 된다는 방침에 의거한 것이죠. 그래서 중국 스님들은 항상 도첩을 휴대해야만 했습니다.

그러나 구족계 수계나 도첩이 문제가 되기에 앞서, 중국불교에는 더 큰 문제가 도사리고 있었습니다. 환경이나 문화의 차이가 너무 커서 처음부터 율을 지킨다는 것 자체가 거의 불가능했다는 점이에요. 따라서 구족계의 수지는 그저 형식적인 것이 될 수밖에 없었습니다. 출가해도 율의 수지는 형식적이고 의례적인 것이 될 뿐이었습니다.

반면, 국가에서 주는 승려 면허증인 도첩의 역할과 요소가 훨씬 더 우월하게 작용했습니다. 그렇다고 해서 파계승(破戒僧)이 자주 나왔다는 뜻은 아닙니다. 육식을 철저히 금지하는 것처럼, 때로는 비구·비구니가 수지하는 구족계 이상으로 엄격한 규정도 있었거든요. 게다가 그중에는 자발적으로 그렇게 살기를 서원하고 따르는 이들도 많이 있었습니다.

율 조문이 출가 수행자로서의 일탈을 금지하는 것이라면, 승제는 중국에서 스님이 되면 실천해야 할 것들을 처음부터 자세히 제시합니다. 그리고 이것을 선구로 하여 머지않아 중국불교의 독자적인 청규가 형성되기에 이르는 것이죠.

스님의 라이프 스타일

선원청규

청규(淸規)라고 하는 것은 청중(淸衆), 즉 맑은 무리의 규범이라는 의미로, 선종 교단의 수행이나 생활 규칙을 말합니다. 명칭 자체만 보아도 이미 자발적인 의지를 담고 있음을 알 수 있습니다. 하지만 여기에서 실질적으로 가리키고 있는 청중은 다름 아닌 승려 면허증을 소지한 스님들이에요.

　이 청규는 백장 회해 선사가 제정했다고 하죠. 하지만 현존하지는 않습니다. 현존하는 것 중에 가장 오래된 청규는 송나라 때인 1103년에 종색(宗賾)이 저술한『선원청규(禪院淸規)』예요. 숭녕 2년에 썼다고 해서 '숭녕청규(崇寧淸規)'라고도 합니다. 또 완전하지는 않지만,『경덕전등록』의「백장」장에 붙어 있는 '선문규식(禪門規式)'이 남아 있습니다.

　원나라 때 집대성한 청규도 남아 있는데요. 1338년에 완성된『칙수백장청규(勅修百丈淸規)』가 그것입니다. 여기에는 '고청규서(古淸規序)', '숭녕청규서(崇寧淸規序)', '함순청규서(咸淳淸規序)', '지대청규서(至大淸規序)'가 부록으로 실려 있습니다.

　그리고 여기에는 이미 오래전에 백장 선사의『고청규』라는 것이 있었으며, 그것이 후에 제정된 갖가지 청규의 모델이 되었다고 전합니다.『칙수백장청규』에 전하는 '선문규식'의 서문에서 백장 선사는 다음과 같이 말합니다.

조사가 설한 도를 크게 넓히고자 하며, 먼 훗날까지도 없어
지지 않게 되기를 원한다. 인도에서 전래된 모든 경이나 율
에는 이미 따라야 할 것도 없다.

즉, 조사선을 계승하고 전통을 버리겠다는 입장을 밝히고 있는 것이지
요. 또 이르기를,

내가 종(宗)으로 삼는 입장은 대·소승의 어느 쪽에도 편협
하지 않은 것이며, 그렇다고 해서 그것들과 크게 다른 것도
아니다. 이것들을 종합적으로 재편성하여 규범을 만들고,
그것에 등 돌리는 일이 없도록 노력하는 것이다.

라고 말합니다. 그 어떤 전통에도 따르지 않고 대·소승을 지양하는 새로
운 입장을 취한 것이죠.

『조당집』「백장화상」에 나오는 백장 선사는 이렇습니다. 백장 선사
는 평생 말로 표현할 수 없을 정도로 남다른 수행을 했다고 합니다. 선사
는 대중운력이 있을 때마다 가장 먼저 일하러 나왔습니다. 아무리 말려
도 소용이 없었지요. 보다 못한 주지가 연장을 숨겨놓고 좀 쉬시라고 청
하니 선사가 이르기를 "내게 아무런 덕이 없는데, 어찌 남들만 수고롭게
하겠는가."라며 연장을 찾더랍니다. 그래도 찾지 못하자 공양을 거부했

대요. "하루 일하지 않으면 하루 먹지 않는다."라는 그 유명한 구절이 여기에서 나와 세상에 널리 퍼지게 된 것입니다.

백장 선사는 훌륭한 분이지만, 사실 율장에 근거하여 말하자면 수행자가 직접 땅을 파거나 밭을 일구는 행위, 초목을 자르는 행위 등은 모두 해서는 안 되는 일로 규정되어 있습니다. 『사분율』제11권 「바일제」에 자세히 나옵니다.

중국의 선종 교단은 표면상 자활(自活)을 내세웠기 때문에, 계율 규정에 걸맞지 않은 이야기가 이외에도 많습니다. 특히 사찰이나 비구들이 여러 가지 도구를 소유하고 이용한다는 점을 들 수 있는데요. 이것은 비단 중국에만 한정된 것은 아닙니다.

이 모든 것이 시대의 흐름, 장소와 환경의 변화로 인한 것인데, 청규도 각각의 장소에서 그곳에 맞게 고안된 것이라고 보면 되겠습니다. 그리고 그것들을 관통하는 기본적인 틀도 확실히 존재했을 것입니다. 어쨌든 선원청규의 제정에는 선종의 특색이 한층 더 발휘된 것 같습니다.

종헌종법

계율은 구체적인 생활상을 통해 부처님이 목표로 한 이상을 실현시키는 수단이라 할 수 있습니다. 그렇기 때문에 이상과 현실 사이에서 더 자주 마찰이 발생하게 됩니다. 지금까지 이어온 계율의 역사는 각 지역의 기후나 환경, 전통 문화, 사회 경제 등 갖가지 요건들의 변동과 함께 변화되어 왔습니다. 단적인 예를 들면, 인도에서는 승가의 행동 기준으로 율이 확고하게 고수되고 있었지만, 중국에 와서는 승제와 선원청규가 제정되었으며, 현재 한국불교, 그중에서 조계종의 경우에는 '종헌종법'이라는 종단 규범이 제정되어 종도들을 관리하고 종단을 운영하는 지침이 되고 있습니다.

2,600여 년 전 과거의 율이나 중국의 선원청규 등은 이미 고대의 유품처럼 느껴질 정도입니다. 그 이유는 첫째, 시대가 너무 변화했고, 둘째, 경건한 마음으로 수계를 받고 지킬 것을 약속한다 해도 돌아서면 그것들은 현실적으로 수용할 수 없는 상황이 되어버렸기 때문입니다.

현재 한국불교, 그중에서도 가장 큰 종단인 조계종은 종헌종법의 규율 아래 많은 제도가 시행되고 있습니다. 그 종헌종법에 명시된 승가의 체제를 보면, 우선 조계종의 종통을 계승하고 최고의 권위를 상징하는 종정(宗正) 스님을 모시고, 그 아래에 원로회의를 둡니다. 원로회의는 장로를 중심으로 이루어졌던 승가 운영의 전통을 계승한 기관으로, 종헌

스님의 라이프 스타일

기관 간의 이해를 조정하는 최고 기관의 지위를 가지고 있습니다.

그리고 그 아래에 대외적으로는 종단을 대표하고, 대내적으로는 종단 정치의 최고 책임자이자 행정을 담당하는 총무원장이 있지요. 전 종도가 투표권을 부여한 유권자들이 직접 투표를 통해 선출한 총무원장은 종도들의 의견을 수렴하고 조정하며, 조직을 관리하고 운영하는 권한을 갖습니다.

종법에 의하면, 총무원장은 행정적 특권·입법적 특권·사법적 특권 등을 가집니다. 또한 단독 의사 결정기관이기 때문에 통제와 견제 수단이 필요하다는 규정과 권력 집중을 막기 위해 겸직을 금지하는 등의 규정을 두고 있습니다.

이외에도 종헌종법에는 조계종단을 관리·운영하는 데 필요한 다양한 법령들이 정리되어 있는데, 1994년을 기준으로 상당 부분이 새롭게 정비되었습니다. 그러니까 총무원·교육원·포교원이라고 하는 3원을 갖춘 지금의 종단 체제는 1994년 이후에 완전한 모습을 갖추게 된 것입니다.

1994년 이전과 비교할 때, 총무원장에 대한 견제에 관한 법 제정과 재정 제도, 승려 교육 체계를 완비시킨 점 등은 놀랄 만한 도약이라 할 수 있습니다. 하지만 형태는 잘 갖추어졌으나, 종도들이 실질적으로 알아서 활용하는 데는 아직 미흡함이 있다는 지적도 많이 있습니다.

이것은 비단 종단을 이끄는 이들의 문제만은 아닙니다. 급속도로 발전하는 현대 사회에 미처 대응하지 못하는 스님들의 정서에도 어려움이 있습니다. 그래서 제대로 소통하지 못하는 경우가 많이 있고요. 실제 종단 법령집에는 승려법, 법계법, 결계 및 포살에 관한 법, 계단법, 총무원법, 종무원법, 본사 주지 회의법, 교구 종회법, 지방 종정법, 사설 사암 등록 및 관리법, 군종 특별 교구법, 직영 사찰법, 특별 분담 사찰 지정법, 총림법, 선원법, 산중총회법, 의례법 등 정말 많은 법령이 들어 있지만, 종도들은 잘 알지 못합니다.

사실 세밀한 법일수록 문제가 발생했을 때 대응하기가 수월하긴 합니다. 하지만 그것이 스님들의 법일 경우에는 얘기가 달라지죠. 스님들은 기본적으로 법령을 어려워합니다. 소통하기를 거부하는 것이 아니라, 어려워서 몰라보는 경우가 많은 것 같습니다.

어쨌든 인도에는 율이 있었고, 중국에는 선원청규가 있었고, 현재 대한불교조계종에는 종헌종법이 있습니다. 우리나라 스님들은 인도의 율을 받아 정식 출가자가 되고, 선원에 가면 선원청규에 의거해서 생활합니다. 그러나 현실적으로는 종헌종법의 영향권에 들어 있지요. 따라서 율만 강조할 수도 없고, 청규만 내세울 수도 없습니다. 여기에 보살계까지 수지하고 있으니 우리는 무엇을 따를 것인가 생각하면 피식 웃음이 나기도 합니다. '법에 의지하고 자기 자신에게 의지해서 살아가라'는 부처님의 마지막 유언에서 우리는 과연 어떤 법에 의지할 것인가 고민하지 않을 수 없습니다.

보조 지눌 스님은 「권수정혜결사문」에서 "우리들의 행동을 아침저녁으로 돌이켜 보면 어떠한가? 불법(佛法)을 핑계하여 나와 남을 구별하여 이양의 길에서 허덕이고 풍진의 가운데에 골몰하여 도와 덕을 닦지 않고 의식만 허비하니, 비록 출가하였다 하나 무슨 덕이 있겠는가?" 하였습니다.

한국에서 출가한 스님들이 한국불교를 구성하는 것처럼, 한국불교의 역사가 곧 한국의 스님들이라 할 수 있습니다. 혼돈스러운 세계 속에서 모든 것을 수용하면서도, 결코 자신을 잃어버리지 않는 진정 가치 있는 출가자가 되기를 소망해 봅니다.

2

불교가
탄생하기까지

중생의 이익을 위하여,
중생의 행복을 위하여 길을 떠나라.
세상에 대한 자비심을 가지고,
존재하는 모든 것에 대한 자비심을 가지고,
신들과 인간의 이익과 행복을 위하여 길을 떠나라.
두 사람이 함께 한 길을 가지 마라.
처음도 좋고 중간도 좋고 끝도 좋으며,
바른 뜻과 문장을 갖춘 법을 설하여라.
완전하고도 청정한 수행의 삶을 보여주어라.

인더스 문명의 흐름

앞서 계율을 공부하기 전에 알아두어야 할 것들에 대해 말했습니다만, 여기에 곁들여 계율을 이해하기에 더 좋을 이야기들이 있습니다.

첫째는 불교가 어떻게 생겨났는지, 불교가 탄생하기까지 인도의 흐름을 아는 것이고, 둘째는 당시의 사상가들이 어떤 주장을 하였는가를 알면 부처님 시대를 이해하는 데 도움이 될 것입니다. 셋째로 부처님의 삶과 죽음에 대한 이야기를 짚고 넘어가는 것도 중요할 듯합니다. 자, 그럼 불교가 탄생하기까지 인도의 흐름부터 살펴보도록 하겠습니다.

불교가 탄생하기 전, 인도에는 '아리아인'들이 브라만교 문화를 형성하며 살아가고 있었습니다. '아리아인'이란 특별히 어느 인종을 뜻하는 것이 아니라, '고귀하다'거나 '명예롭다'는 의미로 자기들의 자부심을 표현한 용어입니다. 그리고 이들이 사용한 언어들(아베스타어, 초기 산스크리트어)은 나중에 라틴어나 영어, 독일어, 힌디어 등 주요 언어의 기초를 이루게 되는데, 이것을 우리는 '인도 – 유럽어족'이라 부릅니다.

일본 유학 시절, 산스크리트어 강의 시간에 이 얘기를 처음 들었을 땐 정말 놀랐습니다. 거의 모든 유럽어의 모어라고 할 수 있는 라틴어가 인도 – 유럽어족에 속한다고 하는 것도 놀랍고, 그것도 당시 우리가 공부하던 산스크리트어에서 영향을 많이 받았다고 하니까 처음엔 믿기지 않을 정도였지요. 아무튼 서구 사회에서 자리 잡은 그 언어의 원어를 찾아 올라가면 거기 산스크리트어가 있습니다. 이미 사문화된 언어이긴 하지만, 불교학자들에겐 여전히 유효한 언어인 것만은 분명합니다.

아무튼 그건 그렇고, 아리아인들은 원래 러시아 남부의 초원 지대에 살았다고 합니다. 기원전 3000년 즈음부터는 점차 몇몇 부족들이 떠돌아다니다가 기원전 2000년 즈음에는 인더스강 유역에 자리를 잡았는데요. 처음엔 마냥 착하기만 했던 아리아인들은 아르메니아인들을 만나게 되면서, 그들의 문화를 익혀 단숨에 변하게 됩니다. 그들에게서 청동 무기에 대해 배우고, 운송 방법을 익힌 뒤부터 아리아인들은 전사가 되었거든요. 그 후 아리아인들은 더 이상 '성실'하게 살지 않았습니다. 그들은 무기를 사용하여 이웃을 습격하고 가축과 작물을 빼앗았습니다. 가축을 기르는 것보다 습격과 약탈이 훨씬 쉬웠기 때문에, 그들은 점점 더 난폭해져만 갔습니다.

스님의 라이프 스타일

카스트 제도

결국 인류의 4대 문명 가운데 가장 오래된 인더스 문명은 이런 아리안 전사들에 의해 이루어지게 됩니다. 인더스 문명의 고대 국가를 보면, 같은 시기 이집트나 메소포타미아 문명보다도 더 컸던 것으로 보입니다. 지금도 그 흔적이 남아 있는데요. 파키스탄의 남부 신드 지방에 있는 모헨조다로, 그리고 동쪽에 위치한 하라파가 대표적인 유적지입니다.

인더스 유역으로 이주한 아리아인들은 브라만을 중심으로 계급을 구별하여 사회를 구성합니다. 인도 특유의 이 계급 제도를 '카스트 제도'라고 부릅니다.

제1계급은 사제를 중심으로 한 '브라만(Brahman)', 제2계급은 왕과 귀족, 장군 들을 중심으로 한 '끄샤뜨리아(Kshatriya)'이고, 제3계급은 서민과 상인을 중심으로 한 '바이샤(Vaiśya)'입니다. 마지막으로 제4계급은 원주민 노예인 '수드라(Sudra)'이며, 이 밖에 노예 계급에도 속하지 못하는 불가촉천민이 존재합니다. 계급이 다른 이들은 서로 결혼도 못하고, 함께 식사도 못하게 되어 있다고 하니, 출생에 따라 사람의 인생을 결정하고 차별하는 잔인한 분류 방식이 아닐 수 없습니다. 물론 이러한 신분 제도는 인도의 전통적 관습으로 굳어져 오늘날에 이르기까지 사회 발전을 저해하는 요소가 되었습니다.

이러한 계급을 만든 사람들은 '베다(성스러운 찬가)'를 성전(聖典)으로 받들고, 거기서 규정한 제사를 행하며 신들에게 동물(소)과 식물(소마)을 바쳐 의식을 행한 후, 그것을 먹었습니다. 아리아인들에게 있어 제사, 곧 희생제는 그들의 문화를 조직하는 상징적인 의식이 되었던 것이죠. 그들은 세계와 자신들이 모두 희생제에서 창조된 것이라고 생각했습니다. 즉, 자신들의 삶이 다른 생물의 죽음에 의존한다고 믿었기 때문에 희생제를 무엇보다 중시했던 것입니다.

카스트(caste, 사성四姓)

- 네 종류의 신분 계급

- 브라만(Brahman) : 사제(성직자) 계급
- 끄샤뜨리아(Kshatriya) : 왕, 귀족 등 지배 계급
- 바이샤(Vaiśya) : 상인·농민·지주 등 평민 계급
- 수드라(Sudra) : 원주민 노예 계급

스님의 라이프 스타일

아리아인들의 이동

아리아인들은 인더스 유역에서 점차 갠지스 유역으로 이동해 갑니다. 갠지스 유역의 평원에는 철제 농기구가 도입되면서 농업 중심의 정착 생활이 이미 보편화되기 시작했습니다. 철기 문화의 발달은 농경지를 넓히는 데 큰 역할을 합니다. 농업이 발달하니 곧 상공업도 확대되어 화려한 도시 문화를 형성하기에 이릅니다. 더 이상 소(牛)가 아니라 돈이 부의 상징이 되는 시대가 온 것입니다. 또 상업이 발달하게 되니 자연스레 바이샤 계급의 지위도 향상되었습니다. 부처님 당시에 제따와나라마(Jetavanārāma, 기원정사)를 지어 공양한 수닷따(Sudatta, '급고독장자'의 원래 이름) 장자도 이 상인 출신의 백만장자였습니다.

　새로운 모습을 갖추게 된 도시 사람들은 전통에 순응하는 대신, 주체적인 존재로 살기를 원하며 창의와 혁신적인 사상을 권했습니다. 장자(長子, seti)라 불리는 성공한 상인들, 기술이 뛰어난 장인들, 신중한 고리대금업자 등 개인적으로 두각을 나타내는 사람들이 늘어났습니다. 이들이 세력을 얻자 세상은 더 이상 이들을 카스트 계급 체계에 쉽게 끼워 맞출 수가 없게 됩니다.

　한편, 기원전 6세기 부처님이 출현하실 무렵의 인도는 군소 국가들이 엄청 많았습니다. 부처님 또한 그 작은 나라 중 한 나라에서 태어나셨는데요. 그 작은 나라들은 끊임없이 전쟁을 하며 통일 왕조를 꿈꾸었습니다. 그러다보니 사람들은 전륜성왕이 나타나기를 학수고대했습니다. 전륜성왕은 세계를 통일하여 정법(正法)으로 통치한다는 인도 신화 속 이상적인 제왕입니다.

전쟁이 빈번하게 일어나다보니 나라가 통합되고, 큰 나라의 왕권도 점차 강화되었습니다. 그러면서 계급 제도도 조금씩 그 형태가 무너지기 시작했어요. 돈 많은 장자나 부강한 나라의 왕이 나타나게 되니 사람들은 더 이상 브라만 계급을 이전만큼 존경하지 않게 되었죠. 왕은 사제들의 통제를 벗어나기 시작했고, 전통적인 희생제에도 인색하게 굴기 시작했습니다.

그래서인지 사람의 계급을 강조하는 베다 성전이나 브라만교에 대한 신망도 조금씩 떨어졌습니다. 기존의 베다 질서에 반대하는 사람들이 나타나게 된 것이죠. 그들을 우리는 '수행하는 사람(Śramane)', 한자로는 '사문(沙門)'이라고 부릅니다. 부처님도 바로 이러한 '사문'을 보고 출가했으며, 사문 가운데 한 사람이 되어 고행도 했습니다. 경전 곳곳에서 부처님을 부를 때 "사문이시여"라고 부르는 것을 발견할 수 있을 정도로, 당시에는 사문이라 불리는 수행자들이 많았습니다.

사문(沙門, Śramana)
카스트 중심 사회의 가치관을 거부하는 이들로서 출생에 따라 신분이 정해지는 카스트 제도에 반발하여 개인적인 노력에 의해 브라만 이상으로 행복해질 수 있다고 주장하는 이들

　　　　　　　　　　　　　　스님의 라이프 스타일

여러 사문의 사상

'사문'들은 브라만 계급의 타락을 비판하고, 베다 사상을 반대하며 당시 압도적이었던 사회 분위기를 전복시킬 혁명가처럼 등장했습니다. 출생보다 인간의 존엄성을 더 중시한 사람들이었어요. 그들은 절대적인 존재의 도움이 아니라 스스로 노력해서 자유를 얻으려 했고, '반 브라흐만'을 외치는 대표 사상가들이 되었습니다. 이들은 브라만의 영향이 비교적 약했던 인도 동부 지역을 중심으로 급속히 확대되었습니다.

사문들은 특별한 삶의 방식을 옹호하고, 자신들의 생각을 자유롭게 표현했습니다. 그야말로 자유로운 사상가가 되어 수행하고, 사회에 영향을 끼치고 있었습니다. 사람들은 윤회로부터 벗어나게 해주겠다고 말하는 사문 주위로 많이 모여들었어요. 그러다보니 수많은 출가자가 생겼습니다. 그 가운데 대표적인 사상가들이 몇 있습니다. 불교 경전에서는 그들을 불교 이외의 가르침을 따르는 사람들이라 하여 '육사외도(六師外道)'라고 불렸습니다.

사문들은 대체로 하나의 원리만을 주장하는 브라만과는 달리, 많은 독립된 요소가 결합하여 이 세계가 구성된다고 보았습니다. 이들은 주로 육체를 고통스럽게 하는 고행을 통해 정신이 육체의 속박으로부터 벗어날 수 있다고 생각했던 것 같습니다. 당시 사문들이 고행에 몰두한 것만 보아도 잘 알 수 있습니다.

자이나교

먼저 불교와 가장 유사한 '자이나교'에 대해서 볼까요? 자이나(Jaina)란 말은 '지나(Jina, 승자勝者)의 가르침'이라는 뜻입니다. 승자라고 칭한 건 '번뇌를 이긴 사람'이기 때문이에요. 부처님도 '지나'라고 불리기도 했습니다. 그러고 보면 깨달음을 얻은 이에 대한 호칭은 불교나 자이나교나 별 구별이 없었나 봅니다. 자이나교에서도 '붓다'라는 표현이 나오고요, 부처님과 자이나교의 창시자 양쪽 다 마하비라(Mahāvira, 위대한 영웅)라고 불리기도 했습니다.

교주인 니간타 나따뿟따(Nigaṇṭha Nātaputta)도 부처님처럼 왕자로 태어났습니다. 성장한 뒤에는 한 여인과 결혼하여 딸을 하나 낳았지요. 그러나 부모가 돌아가신 뒤 형의 허락을 받아 30세 때에 출가하여 사문이 되었답니다. 2년간 고행하고, 고쌀라를 만나 6년간 함께 수행했는데, 헤어져서 다시 수행을 시작한 지 4년 뒤 깨달음을 얻었다고 전해집니다. 30년간 교화하고, 72세에 네팔 국경에서 입적하였다고 하는데, 어딘지 모르게 부처님과 스토리가 많이 닮았습니다. 그래서인지 예전에는 불교를 자이나교의 한 종파로 보는 이들이 있었다고 합니다.

언어도 비슷하고, 정해진 계율도 불교와 자이나교는 매우 유사한데요. 자이나교 수행자도 '비구'라고 부르고, 그들 또한 불교 수행자처럼 걸식 생활을 했습니다. 기본적인 계율은 ① 살생하지 말라(不殺生) ② 진실한 말을 하라(眞實語) ③ 도둑질하지 말라(不盜) ④ 음행하지 말라(不婬)

⑤ 소유하고 집착하지 말라(無所有)입니다.

특히 자이나교는 '철저한 불살생주의'로 유명합니다. 길을 걸을 때는 작은 벌레라도 밟을까 봐 불자(拂子)로 길을 쓸면서 걷습니다. 또 비구, 비구니도 마스크를 씁니다. 감기에 걸려서가 아니라, 공중에 떠다니는 작은 미생물들을 들이마시지 않으려고 하는 거라고 합니다. 물 마실 때도 거름망으로 걸러 마시는데, 그것도 물속의 미생물을 마셔버릴까봐 그렇게 합니다. 도대체 어떻게 살라는 건지 모를 정도로 철저하게 생명을 보호하는 사람들입니다.

자이나교의 수행자는 무소유에도 철저해서 알몸으로 수행했습니다. 그래서 이들을 '나형파(裸形派)'라고 부르는데요, 자신들은 '허공을 옷으로 삼았다'고 말합니다. 속박 받는 것이 얼마나 많은데, 옷까지 입느냐는 주장입니다. 얼핏 들으면 아주 멋진 이론 같기도 합니다. 인간은 너무나 많은 얽매임과 고된 인연 속에 살아가니까요. 그렇다고 해도 알몸으로 수행하기는 쉽지 않겠죠? 자이나교 수행자 중에는 흰옷을 입는 '백의파(白衣派)'가 있는데, 이들은 대체로 비구니들입니다.

더구나 자이나교도들은 고행주의자들이라서, 수행도 굉장한 고행입니다. 여름에도 땡볕 아래서 수행하고, 물도 마시지 않고, 음식도 제대로 안 먹고 단식을 합니다. 그러다가 죽기도 한답니다. 자이나교의 비구니로는 못 살 것 같습니다.

도덕 부정론

도덕 부정론자인 뿌라나 깟싸빠(Pūraṇa Kassapa)는 노예의 자식이었습니다. 외양간에서 태어나 이후 주인집에서 도망쳤는데, 그때 옷을 빼앗기는 바람에 쭉 알몸으로 수행했다고 합니다.

뿌라나는 굉장히 놀라운 주장을 하는데요. 남의 집에 몰래 들어가 도둑질 하거나, 남의 아내와 바람을 피우고 거짓말을 해도 악행이 아니라고 말합니다. 말하자면 '도덕 부정론자'입니다. 사람을 죽여도 나쁜 과보를 받는다고 정해져 있지 않으며, 보시를 많이 하거나 제사를 지내도 공덕이 될지 안 될지는 정해져 있지 않다고 말합니다. 과보를 부정하고 브라만교의 제사도 거부하는 사람이죠.

선과 악의 구별도 인간이 거짓으로 정한 것이므로, 그 과보 또한 있을 수 없다고 말하는 사람들입니다. 그러니까 도덕이 전혀 필요 없다고 보는 것이죠. 이런 사람들이 많아지면 사회 질서가 금세 무너질 것 같습니다.

유물론

유물론자인 아지따 께싸깜발라(Ajita Kesakambala)는 지(地), 수(水), 화(火), 풍(風) 사대(四大)만이 참된 실재이며, 인간은 이들 네 가지 원소로 구성된다고 말합니다. 이 주장만 보면 불교와 유사합니다. 하지만 아지따는 누구나 죽으면 이 사대 원소로 돌아가게 된다고 주장했습니다. 그는 인간 자체는 죽음과 함께 사라지는 것이니 영혼도 없다고 말했습니다.

스님의 라이프 스타일

따라서 현세도 내세도 없고, 선업 악업도 과보를 받지 않는다고 주장합니다. 모두가 똑같은 운명을 맞이할 것이기 때문이죠. 그들의 주장대로라면 제아무리 좋은 일을 한다고 해도 아무런 의미가 없게 됩니다. 어떤 면에서 보면 쾌락주의적 성향도 많이 드러나는 사람입니다.

아지따를 따르는 무리는 현실주의적 경향이 강해서 '로까야따(lokāyata, 노가야타路伽耶陀)'라고 하고, 불교에서는 그들을 '순세외도(順世外道)'라고 부릅니다.

회의론

회의론자인 산자야 벨랏티뿟따(Sañjaya Belaṭṭhiputta)는 부처님의 제자인 사리뿟따(Sāriputta, 사리불)와 목갈라나(Moggallāna, 목건련) 존자를 가르쳤던 스승으로 더 유명합니다. 부처님 제자 가운데 앗사지(Assaji) 비구의 탁발하는 모습을 보고 감동한 사리뿟따가 법을 청해 듣고 문중의 250명과 함께 부처님의 제자가 되었는데, 그 때문에 스승인 산쟈야가 피를 토했다고 합니다.

산쟈야는 회의론자로서 최종적인 답을 부인합니다. 그는 주로 내세(來世)가 존재하는지를 묻는 사후문제라든지 형이상학적 문제에 대해 판단 중지를 주장합니다. 선악의 과보가 있을지 없을지에 대해서도 결정적인 판단을 내릴 수 없다고 판단 자체를 거부합니다. 또 일부러 애매하게 대답하며 명확하게 정해진 지식을 주지 않는다고 해서 그의 주장을 '불가지론(不可知論)'이라고도 하지요. 형이상학적인 문제에 관한 판단 중지의 사상이 처음으로 표명된 것이 바로 이 산자야에 의해서였습니다.

일곱 요소설

빠꾸다 까짜야나(Pakuddha Kaccayāna)는 인간은 일곱 가지 요소, 즉 지(地), 수(水), 화(火), 풍(風)의 네 가지 원소와 고(苦), 락(樂), 영혼(靈魂)으로 구성된다고 주장합니다. 우리들은 모두 이렇게 많은 요소로 구성되어 있기 때문에, 서로를 괴롭히지도 즐겁게 하지도 않는다고 하지요. "그러므로 세상에는 죽이는 자도 죽이게 하는 자도 없고, 듣는 자도 듣게 하는 자도 없고, 식별하는 자도 식별하게 하는 자도 없으니, 잘 드는 칼로 머리를 베어도, 이로 인해 누구도 누군가의 생명을 빼앗는 일도 없다. 다만 칼날이 일곱 개의 요소 사이를 지나고 있을 뿐이다."라고 말하는, 괴이한 주장을 하는 사람입니다.

숙명론

숙명론자인 막칼리 고쌀라(Makkhali Gosāla)는 부모님이 외양간(gosālā)에 들어가 우기를 보내다가 태어났다 하여 이름을 '고쌀라'라고 합니다. 그는 자이나교의 교조인 니간타 나따뿟타와 6년간 같이 수행했다고 전해지는데요. 그러다 의견이 맞지 않아 헤어지고, 그 뒤 2년 만에 깨달음을 이룬 것으로 알려져 있습니다.

스님의 라이프 스타일

고쌀라는 원래 바르다마나 지나트르푸트라의 제자였다고 합니다. 우리 귀에는 그리 익숙하지 않은 수행자지만, 어쨌든 그의 스승은 그 시대에 가장 존경받는 스승으로 꼽혔습니다. 그래서 사람들은 그를 마하비라, 즉 '위대한 영웅'이라고 불렀습니다. 그리고 고쌀라가 속해 있던 종교를 '아지비까(Ajivika)교'라고 하는데 본인들은 '생활 규범을 잘 지키는 사람'이라는 뜻으로 사용했지만, 남들은 그들을 '생활 수단으로 수행하는 자'라며 사명외도(邪命外道)라고 불렀습니다. 같은 단어인데 의미가 달라도 너무 다르죠. 아지비까교는 불교나 자이나교처럼 큰 종교였다고 합니다. 인기도 많아서 후원도 많이 받았지만, 10세기까지 인도에 살아남았다가 나중에 자이나교에 흡수됩니다.

과묵하고 엄격한 금욕주의자였던 고쌀라는 숙명론을 주장하며, 인간의 노력은 효과가 없다고 했습니다. 잘났든 못났든 모두 윤회를 통해 고통에서 벗어나지만, 거기에는 원인도 결과도 없다는 것입니다. 자유의지에 의한 행위도 부정하고, 개인의 업에 따른 인과응보도 부정하고, 오로지 숙명론만을 자연의 이치라고 보았던 것입니다.

아지비까교 수행자들은 옷을 입지 않고, 음식을 구걸하며 살았습니다. 그런데 너무 엄격하게 살다가 굶어 죽는 사람도 생길 정도였다고 합니다. 그리고 아지비까교에 출가하려면, 땅속에 몸을 목까지 묻고 머리카락을 한 올씩 잡아당겨 고통스럽게 하는 걸 견뎌내야 한답니다. 그러고 보면 불교로 출가하길 그나마 잘한 것 같네요.

태양의 후예

부처님은 '깨달은 사람', '깨어난 사람'이라는 뜻입니다. 부처님의 성은 빨리어로 고따마(Gotama)이고, 이름은 싯닷타(Siddhattha)라고 합니다. 산스크리트어로는 '싯다르타(Siddhārtha)'죠. 고따마란 '가장 좋은 소'라는 의미이며, 싯닷타는 '목적을 달성한 자' '모든 것을 성취한 자'란 뜻을 가지고 있습니다. 그리고 고따마가 속한 사꺄족을 가리켜 '태양의 후예'라고 불렀습니다.

사꺄족은 현재의 네팔에 해당되는 지역으로, 당시 까삘라 성이라 불리던 곳에 살았습니다. 외모도 우리가 아는 인도 사람하고는 약간 다른 느낌입니다. 부처님을 인도 사람이라고 알고 있지만 엄밀히 따지면 네팔 사람인 거죠. 우리가 훗날 부처님을 석가모니(사꺄무니Sākiyamuni) 부처님이라고 부르는 이유는 당시 부처님을 '석가족(사꺄족) 출신의 성자'라고 불렀기 때문이에요.

고따마는 까삘라 성의 왕 숫도다나(Suddhodana, 정반왕)와 마야(Māyā) 부인 사이에서 태어났습니다. 하지만 마야 부인은 아들을 낳고 곧 세상을 떠났습니다. 아기는 이모이자 양어머니가 되는 마하빠자빠띠(Mahāpajāpati, 대애도·구담미)의 품에서 자라게 되죠. 당시 아주 유명한 예언가였던 아시따 선인은 아기를 보고 이런 예언을 합니다. '아이가 출가하면 부처님이 될 것이요, 세속의 왕위를 물려받는다면 전륜성왕이 될

스님의 라이프 스타일

것'이라고요. 그리고 자신은 나이가 많아 부처님의 법을 들을 수 없음을 안타까워하고, 조카에게 나중에 크면 꼭 부처님의 가르침을 받으라고 당부했다고 합니다.

　왕자가 출가할 수도 있다는 말에 왕은 노심초사하며 자라나는 태자를 위해 여름과 겨울, 우기의 계절에 따라 지낼 수 있는 궁을 세 개나 지어주었습니다. 이 세상의 험한 모습은 일체 보지 못하게 한 것이죠. 왕궁에는 언제나 젊고 아름다운 이들이 있었고, 온갖 맛있는 음식과 화려한 음악이 가득했습니다. 태자의 눈과 귀를 가려서 인간과 세상의 실체를 보여주려 하지 않았던 것입니다.

출가를 결심하다

그러나 아무리 애써도 세상이란 곳이 어떤지, 그렇게 쉽게 감출 수 있는 것이 아니죠. 태자는 머지않아 늙고 병들고 죽어가는 사람의 모습을 보게 됩니다. 경전에서는 이 부분을 아주 드라마틱하게 설명합니다.

먼저 동문에서 늙고 휘어진 노인을 보았다고 전해집니다. 남문 밖에서는 병에 신음하며 괴로워하는 병자를 보았다고 하고, 또 서문을 나설 때 죽은 이의 행렬을 보았다고 합니다. 이런 모습을 처음 본 태자는 '아, 저런 것들이 내게도 찾아올까?' '왜 인간은 죽어야 하는 걸까?' 이렇게 삶에 대한 근본적인 물음을 던지기 시작했습니다.

그렇게 고민이 계속되던 어느 날, 태자는 북문을 나서며 외모는 비록 초라하지만 맑고 평온한 얼굴을 한 사람을 만나게 됩니다. 그가 어떤 사람인지 궁금한 태자는 직접 다가가 묻습니다. 그러자 그가 이렇게 말합니다.

> 훌륭한 분이시여, 저는 수행자입니다. 삶과 죽음에서 벗어나 해탈하고자 하는 출가 사문입니다. 이 세상 모든 것은 마침내 소멸하고 마는데, 그것은 어느 누구에게나 똑같이 닥쳐옵니다. 저는 욕망을 소멸한 해탈을 구하며 늙고 죽음이 없는 경지를 구합니다.
>
> – 『붓따짜리따』 5장

스님의 라이프 스타일

이 말을 듣고 태자는 드디어 자신이 가야 할 길이 '출가'라는 것을 확신합니다.

불교에서는 이 사건을 '사문유관(四門遊觀)'이라 부르며, 싯닷타 태자가 출가를 결심하는 직접적인 계기가 된 경험으로 묘사합니다.

사문유관(四門遊觀, 사문출유四門出遊)

- 싯닷타 태자가 세상의 고통을 직접 목격한 사건, 출가를 결심하는 계기

• 동쪽 성문 : 노인(老)
• 남쪽 성문 : 병자(病)
• 서쪽 성문 : 장례 행렬(死)
• 북쪽 성문 : 출가 수행자

출가를 실행하다

왕궁으로 돌아온 태자는 곧바로 부왕을 찾아가 출가를 허락해 달라고 청합니다. 하지만 그런 소원을 들어줄 부모는 예나 지금이나 별로 없습니다. 하물며 왕이 될 사람인데, 가당치도 않은 얘기였을 것입니다. 그러자 낙심한 태자가 이렇게 말합니다.

> "제 목숨이 다해 죽지 않는다면, 질병으로 제 건강을 해치지
> 않는다면, 늙음이 제 젊음을 무너뜨리지 않는다면, 불행이 저
> 의 행복을 앗아가지 않는다면, 저는 출가하지 않겠습니다."
>
> – 『붓따짜리따』5장

대단한 고집입니다. 이런 자식을 어떻게 말리겠어요? 부왕은 노심초사하며 어떻게든 태자의 출가를 막아보려 고심합니다. 그 대안으로 왕자를 빨리 결혼시키게 되죠. 결혼하면 마음잡고 잘 살 거라고 생각한 모양입니다.

남방불교에 전해지는 이야기에 의하면, 태자는 일찌감치 16살(북방불교의 설에서는 19살)에 결혼했다고 합니다. 태자비의 이름은 야소다라(Yasodharā). '명예로운 숙녀'라는 뜻의 이름을 가진 여인입니다. 야소다라는 훗날 아들 라훌라(Rāhula)를 낳습니다. 그러나 아름다운 아내와 귀

여운 자식도 태자의 출가 의지를 막지는 못했지요. 태자는 출가하겠다는 의지를 굽히지 않고, 결국 라훌라가 태어난 해에 출가를 결행하게 됩니다. 태자가 29세가 되던 해입니다. 아들이 태어난 직후에 오랜 숙원을 실행에 옮긴 겁니다. 드디어 숲으로 들어가 사문이 된 것이죠.

왕자의 고행

출가하여 거지꼴을 하고 탁발로 연명하며 길을 가던 고따마는 마가다국의 수도 라자가하에서 빔비사라(Bimbisāra, 빈비사라) 왕을 만나게 됩니다. 이 만남은 아주 귀한 인연이 됩니다. 왜냐하면 이 만남을 계기로 빔비사라 왕은 죽을 때까지 부처님의 가장 큰 후원자가 되기 때문이죠.

빔비사라 왕은 길에서 만난 고따마의 고요한 아름다움에 반해 자기와 함께 나라를 다스리자고 제안합니다. 하지만 끝내 거절당하고, 나중에 깨달음을 얻거든 자신을 꼭 찾아와 달라고 부탁한 뒤 자리를 떴지요.

빔비사라 왕과 헤어진 후, 고따마는 당시 큰 스승으로 알려져 있는 두 수행자를 찾아갑니다. '알라라 깔라마(Ālāra Kālāma)'와 '웃다까 라마뿟따(Uddaka Rāmaputta)'가 바로 그들입니다. 하지만 금세 스승의 경지를 따라잡은 고따마는 거기에 머물지 않고, 한층 더 높은 수행의 경지를 체득하기 위해 떠납니다. 그는 네란자라 강 유역의 고행림으로 가서 다섯 명의 수행자를 만나 함께 수행하게 되는데, 이들이 훗날 부처님의 첫 번째 출가 제자가 되는 5비구입니다.

고행림에서 고따마는 단식을 반복하고, 호흡을 멈추는 수행을 하는 등 극단적인 고행을 계속합니다. 무려 6년 동안이나요. 그런데도 깨달음을 얻지는 못하고 극심한 고통에 자신을 두었습니다. 뱃가죽은 등에 붙고, 뼈가 드러나고, 다리에 힘이 없어 걷기조차 힘든 상태였죠. 언젠가 부처님이 사리뿟따(사리불)에게 하신 말씀 중에 이런 얘기가 있습니다.

나의 고행은 이와 같았다.

나는 하루에 한 끼만 먹고, 이틀에 한 끼만 먹고, 며칠에
한 번 먹기도 했다.

나무 열매나 풀잎, 나무뿌리를 먹었고, 나무껍질로 만든
옷이나 누더기 옷이나 수의를 주워 입기도 했다.

……

사리불이여, 나는 죽은 사람의 뼈를 베개 삼아 묘지 앞에서
잠을 자기도 했다.

소치는 아이들이 와서 나에게 침을 뱉고 오줌을 갈기고
흙을 던지고, 내 귀에다 나뭇가지를 쑤셔넣기도 했다.

……

너무 적게 먹었기 때문에, 나의 팔과 다리는 포도 줄기나
대나무 줄기의 마디처럼 되었다.

너무 적게 먹었기 때문에, 나의 엉덩이는 낙타의 발굽처럼
되었고, 나의 갈비뼈는 마치 오래된 지붕 없는 헛간의 무너
질 것 같은 서까래처럼 튀어나왔다.

내 눈의 광채는 푹 꺼져 마치 깊은 우물에 멀리 가라앉은 물
빛과 같았다.

마치 초록색 쓴 맛의 덩굴박이 햇빛과 바람에 시들고 말라 주름진 것처럼, 나의 머리 가죽은 그렇게 말라 주름졌다.
너무 적게 먹었기 때문에, 나의 뱃가죽은 등에 붙었다.
그래서 내가 뱃가죽을 만지면 등뼈가 만져졌고, 등뼈를 만지면 뱃가죽이 만져졌다.
그러나 사리불이여, 이와 같이 실천하고 이와 같이 수행하고, 이와 같은 극도의 고행을 하였지만, 나는 그 이상의 인간의 상태에 도달하지 못하였으며, 훌륭한 사람들에게 합당한 탁월한 지혜와 통찰력을 얻지 못하였다.

– 맛지마 니까야 12

부처님의 고행이 눈에 선하게 그려지면서 자연스레 자신의 삶을 돌아보게 되는 구절입니다. 조선 시대의 청허 선사가 이런 말씀을 하셨죠. "출가하여 스님이 되는 것이 어찌 작은 일이겠는가. 편안함을 구하는 것도 아니요, 따뜻하고 배부름을 구하는 것도 아니요, 이익과 명예를 구하기 위한 것도 아니다. 생사를 해탈하기 위함이요, 번뇌를 끊기 위함이며, 불조의 혜명을 잇기 위함이요, 삼계를 벗어나 중생을 제도하기 위함이다."

부처님의 고행 이야기에 자신의 출가를 되돌아보는 시간을 가져봅니다.

스님의 라이프 스타일

고따마의 두 스승

1. 알라라 깔라마 : 존재하는 것은 아무것도 없다고 하는 경지에 이르는 선정인 무소유처
   정(無所有處定)을 실천하는 수행자
2. 웃다까 라마뿟따: 지각이 있는 것도 없는 것도 아닌 선정인 비상비비상처정(非想非非想
   處定)을 실천하는 수행자
   → 수행법이 불완전하다는 것을 안 고따마는 두 스승과 작별하고 떠남

깨달음을 이루다

고따마는 강물에 몸을 씻고 수자타의 유미죽 공양을 받아 몸을 추스르게 됩니다. 고행이 깨달음을 이루게 하지는 않는다는 사실을 몸소 터득하게 된 것이죠. 그러나 이 모습을 본 다섯 명의 수행자들은 고따마가 타락했다면서 곁을 떠나버립니다. 그도 그럴 것이 당시 수행자들은 육체적 고행이 정신적 힘을 키운다고 믿고 있었거든요. 아직도 그렇게 믿고 고행하는 사람이 많을 정도로, 인도는 고행에 대한 믿음이 남다른 나라인 것 같습니다.

당시 사람들은 각자 자신이 옳다고 믿는 방법으로 수행을 했는데, 지금의 눈으로 보면 어이가 없을 정도로 심한 육체적 고행도 있습니다. 예를 들면, 죽을 때까지 손톱 자르지 않기, 매일매일 태양 바라보고 서 있기, 죽을 때까지 네 발로 다니기 등등이죠. 하지만 불교는 이렇게 육체를 괴롭히는 고행을 부정합니다.

홀로 남게 된 고따마는 자신의 수행을 처음부터 다시 점검해보았습니다. 무엇이 잘못되었는지, 왜 깨달음에 이르지 못하는지, 그 원인을 밝혀내기 위해 복기를 해본 거죠. 그는 깨달음을 얻을 때까지 결코 이 자리에서 일어나지 않겠노라 굳게 결심을 하고 핍팔라 나무 아래에 앉아 고요히 선정에 듭니다. 고행보다는 정신을 집중하여 번뇌를 제거하기 위해 노력했습니다.

스님의 라이프 스타일

드디어 고따마는 6년간의 처절한 고행을 통해 얻은 정진력을 바탕으로 머지않아 번뇌가 소멸한 상태로 선정에 듭니다. 그리하여 번뇌가 완전히 소멸하여 '연기'에 대한 확고한 지혜를 얻고, 드디어 완벽한 깨달음을 이룹니다. 부처님이 앉았던 이 핍팔라 나무는 훗날 싯닷타가 깨달음을 얻어 보리를 이룬 나무라 하여 '보리수'로 불리게 되었습니다.

깨달음을 얻은 부처님은 잠시 망설였습니다. 깨달음의 내용이 어려워서 그것을 이해할 만한 사람이 별로 없을 것이라고 생각했기 때문이죠. 그래서 법을 설하면 사람들이 혼란스러워하고 번거롭게 여길까 걱정했습니다. 그때 범천이 내려와 부처님께 청했습니다. 세상에는 더러움에 덜 물든 사람도 있으니, 그들을 위해 법을 설하면 이해하는 사람도 있을 거라고 하면서요.

결국 세상 사람들을 위해 가르침을 펼치기로 마음먹은 부처님은 승가가 61명이 되었을 때 인류를 이끌 위대한 '전도 선언'을 하게 됩니다.

> 비구들이여, 나는 모든 속박에서 벗어났다.
> 그대들도 또한 모든 속박에서 벗어났다.
> 중생의 이익을 위하여, 중생의 행복을 위하여 길을 떠나라.
> 세상에 대한 자비심을 가지고,
> 존재하는 모든 것에 대한 자비심을 가지고,
> 신들과 인간의 이익과 행복을 위하여 길을 떠나라.

두 사람이 함께 한 길을 가지 마라.

처음도 좋고 중간도 좋고 끝도 좋으며,

바른 뜻과 문장을 갖춘 법을 설하여라.

완전하고도 청정한 수행의 삶을 보여주어라.

세상에는 더러움에 덜 물든 사람들도 있다.

다만 그들은 가르침을 듣지 못하였기 때문에 멀어졌으니,

만일 그들이 가르침을 듣는다면 그것을 곧 알아들을 것이다.

비구들이여, 나도 또한 법을 설하기 위해 우루벨라의 세나

니마을(將軍村)로 가리라.

- 쌍윳따 니까야4, 『율장 대품』제1장

스님의 라이프 스타일

수행

그럼 불교의 수행이란 진정 어떤 것일까요?

출가자에게 있어 새벽은 사유의 시간이라 할 수 있습니다. 새벽은 우리의 몸을 일깨우기 전에 먼저 우리의 영혼을 불러내고, 내 안에 깊이 잠들어 있던 욕망도 함께 따라 일으켜 세웁니다. 저 멀리 밝아오는 새벽빛이 세상을 비추듯 내 안에 꿈틀대는 생의 욕망을 훤히 밝히는 것이지요. 그 욕망을 속속들이 끄집어 돌이켜보는 고요한 가운데, 다시 치열한 하루가 시작됩니다.

불교의 출가자들은 자기 인생의 어느 한 시기가 아니라, 평생토록 수행을 하겠다고 다짐하고 삶의 터전을 떠나온 사람들입니다. 그렇다면 그들은 어떤 수행을 했을까요?

부처님은 출가하여 6년 동안 고행을 했습니다. 상상 이상의 목숨을 건 고행이었다고 해요. 몸 움직이지 않기, 호흡 멈추기, 먹지 않기 등이요. 이 모두가 생체 리듬을 거스르고 생존에 관계된 것들이기 때문에 더욱 힘들었을 겁니다. 지금도 전해지는 야윌 대로 야윈 부처님의 고행상처럼 그분의 형상이 실제 그러했으리라 생각됩니다.

그런데 이렇게 부처님이 행했던 고행들은 현재까지도 인도 사회에 고스란히 남아 있다고 합니다. 앞에서도 말했지만, 한쪽 다리로 서 있기, 하루 종일 태양 바라보기, 평생 손톱 안 깎기, 불 위로 걷기 등이 그것입니다. 왜 그런 수행을 하는지 우스꽝스럽기도 하지만, 그들에게 있어선 한결같이 삶의 문제를 해결할 심각한 과제였던 것입니다.

인도 사람들은 이러한 고행을 통해 선정에 들 수 있고, 다음 생에 더 좋은 곳에서 태어난다고 믿었습니다. 부처님은 그 누구도 견딜 수 없는 고행을 했지만, 고행을 통해서는 그토록 원했던 궁극적인 해답을 찾을 수 없어 결국 지나온 수행 과정을 돌아보게 되었습니다. 그리고 이때 극단적인 고행은 수행자의 몸과 마음을 모두 괴롭히기 때문에 오히려 평온한 상태에 들지 못하게 만든다는 것을 알았습니다. 고행을 통해 무조건 욕망을 없애려는 것이 바로 문제였다는 것을 알아차린 것입니다. 그리하여 자신이 걸어온 고통스런 수행 방법이 잘못되었음을 알고 새로운 길을 찾아 떠납니다. 즉 고행을 벗어버린 것이죠. 고행을 버린 뒤 깨달음을 얻은 부처님은 이렇게 말했습니다.

출가 수행자가 반드시 버려야 할 두 가지 장애가 있다.
첫째는 마음이 욕망의 경계에 집착하여 쾌락을 탐닉하는 것이니, 이는 어리석은 범부들이 좋아하는 바이므로 버려야 한다.
둘째는 자신의 육체를 괴롭히는 데 열중하는 고행이니, 이는 성인들이 찬탄하지 않는바 스스로 이익을 얻지 못하고 남에게 이로움을 주지 못하는 것이므로 버려야 한다.

스님의 라이프 스타일

쾌락도, 고행도 수행에는 아무런 이익을 주지 않는다는 거예요. 여기에서 바로 중도(中道)의 개념이 발생합니다. 자신에게도 이롭고 남에게도 이로운 깨달음의 길이 바로 중도입니다. 중도는 연기(緣起)를 바로 알고 가는 길이며, 곧 팔정도를 바르게 이해하고 실천하는 것을 말합니다.

그러나 부처님이 고행을 버린 뒤 깨달음을 얻었다고 해서, 결코 안일하게 수행하라고 가르친 것은 아닙니다. 부처님께서는 듣는 것만으로는 깨달음을 이룰 수 없다며 늘 단호하게 말씀하십니다. 승가 대중이 정진하기를 재촉하는 것이죠.『화엄경』「보살명난품」에 이런 구절이 있습니다.

> 듣는 것만으로는 진리를 알 수가 없다.
> 이것이 구도의 진실한 모습이다.
> 맛있는 음식을 보기만 하고 먹지 않아
> 굶어죽는 사람이 있듯이,
> 듣기만 하고 실천이 따르지 않는 사람들도 그와 같다.
> 백 가지 약을 잘 알고 있는 의사도 병에 걸려 낫지 못하듯이
> 듣기만 하는 사람들도 그와 같다.
> 가난한 사람이 밤낮을 가리지 않고
> 남의 돈을 세어도 자기는 한 푼도 차지할 수 없듯이
> 듣기만 하는 사람들도 그와 같다.

장님이 그림을 그려 남들에게는 보일지라도

자기 자신은 볼 수 없듯이, 듣기만 하는 사람들도 그와 같다.

그러니 오로지 굳은 결심으로 정진에 임하라.

경전을 보면, 부처님의 법문을 들은 승가 대중이 모두 자리에서 일어나 부처님께 예하고 물러갑니다. 부처님께서 당부하신 고요한 마음집중, 곧 정진을 하러 가기 위해서입니다. 당시의 수행자들은 마음집중이라고 하는 수행 방법을 통해 번뇌가 일어나는 근본을 살피고 그 씨앗을 헤아려 알고자 노력했습니다. 그리고 그것에 집착하는 마음을 버리기 위해 부처님의 가르침에 의지하여 수행을 했던 것입니다.

스님의 라이프 스타일

육신의 열반

부처님은 무려 45년 동안 중생을 제도하고자 애쓰셨습니다. 그 사이 불교 교단은 엄청난 발전을 이루었고, 많은 이들의 삶에 영향을 끼치고 세간의 존경을 한 몸에 받았습니다. 그러나 인간인 이상 부처님도 세월을 이길 수는 없지요.

> 아난다야, 나도 이제 늙어 삶의 마지막 단계에 이르렀다.
> 내 나이 이제 80이 되었구나.
> 마치 낡은 수레가 가죽 끈의 힘으로 간신히 움직이듯이,
> 내 몸도 가죽 끈의 힘으로 가는 것 같구나.
> ……
> 그러므로 아난다야,
> 자신을 섬으로 삼고, 자신을 귀의처로 삼고, 다른 것을 귀의처로 삼지 마라.
> 가르침을 섬으로 삼고, 가르침을 귀의처로 삼고, 다른 것을 귀의처로 삼지 마라.

부처님은 드디어 3개월 뒤에 열반에 들겠노라 선언합니다. 그리고 마지막 여정에 오르게 됩니다. 그 마지막 길 위에서 금속공이었던 쭌다의 공

양을 드시고 심한 병에 걸립니다. 부처님은 아난다에게 "아난다여, 가사를 네 겹으로 깔아다오. 허리가 아프구나."라든지, "나에게 물을 가져다다오. 목이 마르구나."라고 말씀을 하시는데, 저는 이 대목을 읽을 때마다 편찮으신 부처님이 옆에 계시는 듯 눈물이 납니다.

부처님은 이렇게 몸이 안 좋은 상태인데도 열반 직전까지 제자를 받았습니다. 수밧다(Subhadda)가 바로 그 마지막 제자입니다. 그리고 제자들을 불러 마지막 말씀을 하시는데, "형성된 것들은 모두 소멸하기 마련이다. 방일하지 말고 정진하여라."라고 하셨습니다.

이렇게 해서 부처님은 궁전도 아닌 살라 나무가 가득한 숲에서 두 그루 살라 나무 사이에 누워 열반에 들었습니다. 재가불자들이 나서서 절차대로 준비해서 마하깟사빠 존자가 도착한 후 다비가 진행되었고, 사리와 사리통, 재 등이 10개 나라로 나뉘어져 각 나라에 사리탑이 세워지게 되었습니다.

스님의 라이프 스타일

3

최초의
스님들 이야기

"젊은이들이여, 달아난 여인을 찾는 것과
자기 자신을 찾는 것 중에
어느 것이 더 중요한가?"
"자기 자신을 찾는 일이 더 중요합니다."
"그럼, 다들 거기에 앉아라.
내가 이제 그대들을 위해 자기 자신을
찾는 법을 가르쳐 주겠다."

잘 왔다, 비구여

자, 이제 본격적으로 계율에 대한 이야기를 해볼까요?

계율을 생각하면 계율이 담긴 율장이 떠오릅니다. 그럼 그 율장은 누구를 위해 만들어졌을까요? 당연히 '승가'를 생각하게 됩니다. 더 정확하게는 승가를 구성하는 사람들, 즉 비구, 비구니, 식차마나(사미니에서 비구니가 되기 전), 사미, 사미니가 그들이죠. 그럼 부처님은 이러한 승가 구성원을 어떻게 받아들였던 것일까요?

앞서 설명한 바와 같이, 전법을 결심한 부처님은 누구에게 가장 먼저 법을 전할까 고민했습니다. 그러다가 함께 수행하다 자기 곁을 떠난 다섯 명의 수행자를 떠올렸어요. 그리고 그들을 찾아 바라나시의 미가다야(Migadāya, 녹야원)까지 맨발로 걸어갔습니다. 꼰단냐(Koṇḍañña), 밧디야(Bhaddiya), 왑빠(Vappa), 마하나마(Mahānāma), 앗사지(Assaji), 이 사람들을 위해서요!

이들 다섯 명이 중요한 이유는 이들이 바로 부처님의 첫 출가제자이기 때문입니다. 부처님은 보리수 아래서 깨달음을 얻은 후 바라나시의 미가다야에서 다섯 명의 고행자에게 설법한 뒤, 그들에게 '잘 왔다. 비구여(善來比丘)'라고 말하고 처음으로 출가제자를 받아들였습니다. 부처님과 함께 미가다야에서 법을 나누던 그들이 우리 승가의 최초 형태를 만들었던 것입니다. 그들은 함께 생활함에 있어 필요한 모든 일을 골고루 분배해서 화합하며 살았습니다. 함께 탁발하고, 함께 공양하고, 함께 명상하는 그들의 모습이 조촐하지만 아름답게 그려지는 시절입니다.

그 후에도 출가하는 이들이 생겨났습니다. 먼저 호화로운 생활에 환멸과 무상함을 느끼고 출가한 '야사(Yasa)'라는 이가 있었습니다. 그리고 야사가 돌아오지 않자, 야사의 부모는 아들을 찾아다니다가 부처님을 찾아왔는데, 그곳에서 부처님의 가르침을 듣고 오히려 부처님께 귀의하게 됩니다. 야사의 부모는 부처님(佛)과 부처님의 가르침(法), 그리고 승가(僧)의 삼보에 귀의한 첫 번째 신도입니다.

그러고 보면 야사는 참 많은 인연들을 출가시켰네요. 야사의 친구 4명도 야사를 따라 출가하여 부처님의 제자가 되었으며, 이어서 50명의 친구들도 야사를 방문해서 부처님의 가르침을 들은 뒤 출가하여 모두 아라한이 되었습니다. 이로써 승가는 부처님과 60명의 제자들로 이루어지게 되었습니다. 바로 이때 부처님이 '전도 선언'을 하신 것입니다.

생각해보면 이 많은 사람들의 출가는 순식간에 꼬리에 꼬리를 물고 일어났습니다. 인간의 성향이 대체로 중요한 일은 내일로 미루는 경향이 있는데, 이들은 아니었나 봅니다. '내일'이 아니라, 지금 당장 선택하고 주저 없이 일어섰으니까요. 자신의 인격적 존엄과 인생의 품격을 결정하는 일은 어쩌면 순간일지 모르겠습니다.

최초의 승가

- 바라나시의 미가다야(녹야원, '사슴 동산'이라는 의미)에서 최초로 성립
- 초전법륜을 들은 꼰단냐(Koṇḍañña), 밧디야(Bhaddiya), 왑빠(Vappa), 마하나마(Mahānāma), 앗사지(Assaji) 다섯 명이 출가
- 초전법륜의 내용 : 중도, 팔정도, 사성제가 핵심

인생의 길 안내

부처님 당시 제자들의 출가 이야기에는 재밌는 스토리가 많습니다. 그 가운데서도 아주 많이 언급되는 내용 중 하나가 바로 도둑을 찾아다니다가 출가한 30명의 젊은이 이야기죠.『율장 대품』에 나옵니다.

부처님이 어느 날 숲속의 한 나무 아래에서 좌선을 하고 계실 때, 젊은이들이 숲속에서 여기저기 무엇인가를 찾아다니고 있었습니다. 나무 아래서 고요히 명상에 들어 있는 부처님을 보고 그들은 다급하게 물었습니다.

"혹시 한 여자가 뛰어가는 것을 보지 못했습니까?"

이렇게 묻는 그들은 그 지역에 사는 명망 있는 가문의 자제들이었습니다. 50여 명이 가족들과 함께 숲에 나들이를 나왔다가 일이 생긴 것입니다. 그들 중에 아직 결혼하지 않은 사람이 유녀를 데리고 왔는데, 모두가 노는 데 정신이 팔려 있는 동안 그 유녀가 사람들의 옷과 값진 물건을 가지고 달아나 버려서 지금 도망친 여인을 찾는 중이라는 겁니다.

상황을 들은 부처님이 가만히 그들에게 물으셨어요.

"젊은이들이여, 달아난 여인을 찾는 것과 자기 자신을 찾는 것 중에 어느 것이 더 중요한가?"

놀이에만 정신이 팔려 자기 자신은 잊어버리고 여인을 찾는 일에만 몰두했던 그들은 부처님의 말씀을 듣고 순간 번쩍 정신이 들었습니다.

스님의 라이프 스타일

"자기 자신을 찾는 일이 더 중요합니다."

부처님은 다시 말씀하십니다.

"그럼, 다들 거기에 앉아라. 내가 이제 그대들을 위해 자기 자신을 찾는 법을 가르쳐 주겠다."

이렇게 해서 그 젊은이들은 부처님의 말씀을 듣고 기쁜 마음으로 부처님의 제자가 되었다는 이야기입니다.

현실적으로 보면 '출가'라고 하는 행위는 세속적 가치관에 순응하기를 거부하고, 자신이 속해 있는 세계를 벗어나 전혀 다른 세계에서 살고 싶은 마음이 간절할 때 주로 나타납니다. 그러나 부처님은 진리를 추구하여 떠나고 싶은 사람뿐만 아니라, 자신의 욕망을 전혀 인식하지 못하고 있는 이들을 일깨움으로써 그들을 출가의 길로 이끄는 경우가 더 많았던 것 같습니다. 그리고 그들을 제자로 받아들여 함께 하는 수행 공동체를 형성해갔던 것이죠.

'나는 어떤 사람인가? 나는 왜 이렇게 살아온 것일까? 이렇게 계속 살아가도 괜찮은 것일까?' 자신에게 먼저 이런 질문을 하게 하는 부처님의 가르침이야말로 마음을 흔들 수밖에 없었을 것 같다는 생각이 듭니다.

사리뿟따와 목갈라나

사리뿟따(Sāriputta, 사리불)와 목갈라나(Moggallāna, 목건련)의 이야기도
『율장 대품』제1장에 나옵니다.

　　육사외도 가운데 '회의론'을 주장한 산자야가 250명의 큰 무리를 이
끌며 라자가하에 머물고 있을 때, 사리뿟따와 목갈라나도 그 밑에서 수행
하고 있었습니다. 하루는 비구 앗사지가 아침 일찍 발우를 들고 가사를 수
하고 탁발을 하러 가는데, 그 모습이 너무나 단정하고 고귀해 보였습니다.
이때 앗사지 비구의 모습을 보게 된 사리뿟따는 감동하여 순간 이렇게 생
각했습니다. '세상에 거룩한 님이나 거룩한 경지로 가는 길을 갖춘 님이
있다면, 이 수행자가 바로 그중 한 사람일 것이다.'

　　사리뿟따는 앗사지 존자에게 다가가 스승이 누구인지, 어떤 가르침
을 받았는지 물었습니다. 그러자 앗사지 존자는 자신은 사꺄족 출신의
부처님에게서 가르침을 받고 있으며, 부족하지만 스승에게서 들은 가르
침을 설해주겠노라 했습니다.

　　"모든 것은 원인으로부터 생겨나며, 여래는 그 원인을 설하시고, 또
한 그것들의 소멸을 말씀하셨습니다."

　　사리뿟따는 앗사지의 이 짧은 법을 듣고 지혜의 눈이 열렸습니다.
부처님의 가르침을 전해 듣고 감격한 사리뿟따는 곧장 목갈라나가 있는
곳으로 가서 이 사실을 알렸고, 목갈라나 역시 환희심이 일어 그 말에 동

조하여 부처님께로 가자고 말했습니다. 그러나 당시 250명의 수행자들이 있었기에 사리뿟따는 선뜻 갈 수가 없었습니다. 그들은 대중에게 그 사실을 솔직히 고백했죠. 그러자 대중 역시 존경하는 사리뿟따와 목갈라나를 따라 부처님께 출가하겠노라 말했습니다. 그리하여 그들은 모두 부처님의 출가 제자가 되었습니다. 이들의 경우처럼 당시 너무 많은 이들이 한꺼번에 출가하는 사례가 많았습니다. 사람들 사이에선 부처님에 대한 존경과 함께 비난이 퍼져나갈 정도였다고 합니다.

한편 앗사지 비구와의 만남이 계기가 되어 불교에 귀의한 사리뿟따는 앗사지 비구를 스승으로 생각하며 항상 존경하는 마음으로 스승이 계신 곳을 향해 머리를 두고 잤다고 전해집니다. 그리고 사리뿟따와 목갈라나는 이후 불교 교단에서 매우 중요한 위치를 차지했는데요. 부처님은 특히나 이 두 제자를 아끼셨다고 합니다.

홀로 사랑하는 비극

간혹 부부가 함께 출가하는 경우도 있지만, 대부분은 사랑하는 아내와 가족을 버리고 출가하는 경우가 더 많습니다. 대표적인 예로 우리 부처님이 그러셨죠. 또 이런 경우도 있습니다. 아내를 버리고 출가한 마하라 (摩訶羅) 비구에 관한 이야기입니다. 『마하승기율』 제30권에 나옵니다.

마하라의 아내는 어느 날 갑자기 출가해버린 남편을 끝내 포기하지 못했습니다. 그래서 남편이 있는 곳에 가서 길쌈을 했습니다. 이를 지켜보기가 몹시 불편했던 마하라 비구는 여인에게 제발 돌아가 달라고 부탁합니다. 하지만 여인은 듣지 않았습니다. 아니, 들을 수가 없었죠. 아직 남편이었던 스님에 대한 사랑의 마음을 거둘 수가 없었으니까요.

하는 수 없이 마하라는 다른 수행처를 찾아 떠납니다. 평소 여인을 안타깝게 여겼던 한 사람이 이 소식을 여인에게 살짝 전해주었습니다. 여인은 떠나는 마하라의 뒤를 헐레벌떡 쫓아가 옷자락을 붙잡고 애원했습니다. "아사리여, 저를 위해서 가지 마세요. 제가 곁에서 옷과 발우를 챙기고, 아플 때에는 필요한 약도 제공해 드리겠습니다."

그러나 마하라 비구는 출가한 자로서 그럴 수는 없다며 한사코 거절했습니다. 매달리고 떼어내고 애걸복걸하고…. 이쯤 되면 아름다웠던 사랑도, 기억하고 싶은 추억도, 애틋함도 서로에게 상처를 만들죠. 그리고 미움과 원망이 싹트기 시작합니다.

끝내 놓아주지 않는 여인을 떼어내기 위해 마하라 비구는 절대 해서는 안 될 행동인 폭력을 휘두르며 아내를 떼어냅니다. 더 이상 여인이 따라오지 못할 정도로 실컷 때리고 도망치듯 떠났지요. 율장에서는 이를 계기로 마하라 비구에게 나쁜 일이 생겼음을 설명하고, 여인을 때린 것에 대해 투란차죄(과실치사)를 적용하고 있습니다.

이건 좀 다른 얘기지만, 옛날에는 누가 출가한다고 하면 '무슨 사연이 있길래…'라며 엉뚱한 짐작과 억측이 많았던 것 같습니다. 특히 여성의 경우에는 더했죠. 마치 상처받고 사연 있는 사람들만 출가하는 것처럼 여겨지던 시절이 있었나 봅니다.

물론 그런 경우도 있겠지요. 100퍼센트 아니라고 단언할 수는 없습니다. 그것이 나쁜 것도 아니고요. 그러나 출가라고 하는 행위가 꼭 남녀 간의 애정 문제나 상처, 실연에 의해 시작되진 않습니다.

마하라 비구의 사건은 출가한 사람에게도, 남겨진 사람에게도 참 괴로운 상황이 아닐 수 없습니다. 집착을 내려놓지 못한 쪽이 더 괴롭긴 하겠지만, 홀로 사랑하는 비극이 출가와 연관되고 보면 쌍방의 고통으로 끝나는 경우가 많습니다.

아픔을 겪더라도 보낼 사람은 보내야 합니다. 마음 떠난 사랑을 붙잡는 것은 상처만 키울 뿐이니까요.

속박을 벗어던지고

부처님 당시 출가자들의 사연에 대한 여러 이야기들을 들여다보면, 부처님의 설법을 전해 들은 많은 이가 가정을 버리고 확고한 믿음으로 출가 집단을 형성하게 되었다는 것을 알 수 있습니다. 그러다보니 부처님도 차츰 명확한 규율이나 원칙을 세우고 구성원들을 조직화할 필요가 있다고 느꼈을 것입니다.

사실 불교 승가가 오랫동안 유지되기 위해서는 가장 중요한 것이 새로운 대중을 맞아들이는 일입니다. 요즘 한국불교계는 출가자가 급감하여 고민이 많은데, 불교 초기에는 오히려 새로운 대중이 급격히 늘어난 모양입니다. 율장을 보면 출가자에게 요구되는 자질, 출가자의 권리와 의무, 수계 후 율을 어겼을 때 부여될 제재 등 아주 많은 조건이 제시되어 있습니다. 체계화된 종교 조직을 이루기 위한 준비를 착실하게 한 모습이 보입니다.

생각해보면 '출가'라고 하는 행위는 지난 2,600여 년간 전 세계에서 끊임없이 이어져 왔습니다. 그 이유는 '출가한 사람은 출가를 하지 않은 사람보다도 고귀한 삶, 지혜로운 삶을 살고 있다'고 생각했기 때문일 겁니다. 개중에는 스님들의 간소한 라이프 스타일에 마음을 움직인 사람도 있겠지요. 그리고 또 실제로도 많은 출가자가 그런 모습을 모두에게 보여주기도 했습니다.

스님의 라이프 스타일

앞으로도 세상에서 불교가 존속해나가기 위해서는 적어도 '출가자들은 보통 사람보다 훌륭하다'는 사람들의 인식이 필요합니다. 훌륭한 출가자이기 때문에 공양을 올릴 만한 가치가 있다고 여겨야만 불교는 오래 존속할 수 있습니다.

사실 저는 마음의 병을 안고 찾아온 이들에게 '출가'라고 하는 종교적 행위가 과연 스스로의 삶을 전환시킬 수 있는 진정한 대안이 될 수 있겠는가 의심이 들 때도 있습니다. 그러나 그들이야말로 지푸라기라도 잡는 심정으로 마지막 선택지에 대한 물음을 붙잡고 왔을지 모른다는 생각을 합니다. 그러니 우리가 더 단단하고 일관성 있는 모습으로 진정한 자유를 찾아가는 모습을 보여줄 의무가 있는 게 아닌가 싶습니다.

최초의 비구니

최초의 비구니는 부처님의 양어머니이기도 한 마하빠자빠띠 고따미 (Mahāpajāpatī Gotamī, 대애도·구담미)입니다. 율장 제2권 「비구니건도」에 보면, 숫도다나 왕이 돌아가시자 마하빠자빠띠 고따미는 출가를 허락해 달라며 부처님께 청했다고 합니다. 하지만 부처님은 한 마디로 거절했습니다. 아무리 애원해도 소용이 없었지요.

심지어 부처님은 양어머니에게 알리지도 않은 채 제자들을 데리고 냉정하게 떠나버렸습니다. 부처님이 떠났다는 사실을 뒤늦게 안 그녀는 스스로 머리카락을 자르고 가사를 걸친 채 사꺄족의 여인들과 함께 그 뒤를 따라갔습니다. 그리고 부처님이 머물고 있던 강당의 문 앞에서 들어가지도 못하고 울며 서 있었지요. 두 발은 붓고 온몸은 먼지투성이인 채 눈물을 흘리며 서 있는 그녀를 본 아난다 존자가 부처님께 여성 출가를 허락해 달라고 애원했습니다.

그럼에도 부처님이 거절하자, 아난다 존자는 마하빠자빠띠가 양어머니로서 부처님을 기른 은혜를 생각해서라도 여성 출가를 허락해 달라고 했습니다. 그 말에 마음을 움직인 부처님께서 여성 출가를 허락하셨다는 스토리입니다. 단, 팔경법(八敬法, aṭṭha garudhammā)이라 불리는 여덟 가지 규칙을 평생 지킨다는 조건하에서요.

스님의 라이프 스타일

팔경법

팔경법은 대체로 먼저 생긴 비구 승가가 비구니 승가의 선배라는 점을 늘 염두에 두고 생활하라는 내용을 담고 있습니다. 그 내용은 이렇습니다.

첫째,   비구니는 구족계를 받은 지 백 세가 되어도 오늘 구족계를 받은 비구를 예경하고, 일어나서 맞이하며, 합장 공경해야 합니다.

둘째,   비구니는 비구가 없는 곳에서 우기를 보내서는 안 됩니다.

셋째,   비구니는 보름마다 비구 승가에 두 가지 법을 청해야 합니다. 즉, 포살을 묻는 것과 교계에 가는 것입니다.

넷째,   비구니는 우안거가 끝나면 비구 승가와 비구니 승가의 양 승가에서 보고 듣고 의심 가는 세 가지 일에 대해 자자(自恣)를 행해야 합니다.

다섯째, 비구니가 경법(敬法)을 범하면 양 승가에서 보름 동안 마나타(mānatta)를 행해야 합니다.

여섯째, 식차마나가 2년 동안 6법의 학처를 배우고 나면 양 승가에서 구족계를 구해야 합니다.

일곱째, 어떤 수단에 의해서도 비구를 욕하거나 꾸짖어서는 안 됩니다.

여덟째, 오늘부터 비구니의 비구에 대한 언로(言路)는 폐쇄되
고, 비구의 비구니에 대한 언로는 폐쇄되지 않습니다.

마하빠자빠띠는 이러한 팔경법을 지키겠다고 약속하고 비구니가 됩니
다. 함께 온 사꺄족의 여성들도 모두 출가하여 드디어 최초의 비구니 승
가가 성립하게 되었죠.

스님의 라이프 스타일

여성 출가의 어려움

부처님이 이토록 어렵게 양어머니의 출가를 허락한 것은 여성을 무시하거나 비하해서가 아닙니다.

부처님은 우선 여성의 안전을 걱정했을 것입니다. 숲에 사는 것은 보통 위험한 일이 아니니까요. 실제로 숲에서 나쁜 일을 당했다는 비구니들이 있었기 때문에, 부처님은 이 문제에 대해 각별히 주의를 당부하기도 했습니다.

그리고 또 중요한 것은 당시는 브라만교가 중심인 사회였기 때문에 세상 사람들의 편견을 극복하기가 쉽지 않았을 것이라는 점입니다. 여성의 사회적 지위가 낮다보니 여성을 출가자 집단에 받아들인다는 것 자체가 조롱거리가 되는 시대였으니까 말입니다. 말해 뭣합니까. 여성이라는 이유만으로 슬픈 나라가 바로 인도인데요. 인도 신문에는 지금도 간혹 시집온 아내가 남편과 시부모에게 시달리다가 자살을 했다거나, 얻어맞아 숨졌다는 기사가 등장한다고 합니다. 지금도 그런데 2,600년 전에는 어떠했을지 말하지 않아도 알 수 있겠죠.

21세기가 된 지금도 인도의 결혼 방식은 대부분 중매결혼이라고 합니다. 대도시의 경우에는 연애결혼도 있겠지만, 도시와 멀어질수록 중매를 통해 백년가약을 맺는 경우가 훨씬 더 많습니다. 우리 할아버지 할머니 시대에나 들어볼 법한 이야기들인데, 지금도 인도에서는 얼굴 한 번 본 적 없는 상대와 결혼을 한답니다.

인도의 여성을 옭아매는 제도에는 두 가지가 있습니다. 첫째는 '다우리(Dowry)'라는 제도입니다. 이것은 신부가 결혼을 하면서 신랑과 그 식구들에게 건네는 혼수나 지참금 제도를 말하는데요. 이 다우리에 대한 신랑 집안의 만족도에 따라 신부의 평생 운명이 좌우된다고 해도 과언이 아닙니다. 그러니 딸 가진 것이 죄가 될 수밖에 없습니다. 그래도 이제 좀 현대화되어서 많이 나아지지 않았을까 싶지만, 실상은 그와 달라서 매년 다우리를 이유로 발생하는 사망사고는 여전히 많습니다. 그래서 뱃속에 있는 아이가 딸이라는 사실을 알게 되면 엄마가 유산을 하는 경우도 많고, 딸을 낳으면 일찌감치 헐값에 팔아버리기도 합니다.

두 번째는 '사띠(Sati)'라는 것인데, 이것은 죽은 남편에 대해 아내가 정조와 헌신을 보여주는 힌두교의 악습 중에 악습입니다. 말 그대로 남편이 죽으면 아내도 따라 죽는 인도판 순장입니다. 힌두 사회에서 사는 사람들은 사띠를 행하는 여성이 다음 생에 반드시 여신으로 태어나게 된다고 믿고, 그녀의 가족들도 존경받고 부와 명예를 얻는다고 해서 법으로 금해도 아직 근절되지 않는다고 합니다.

원래 사띠는 힌두 신화에서 비롯된 풍습입니다. 힌두교의 시바 신과 결혼한 여신의 이름이 사띠인데요. 그녀의 아버지가 신들을 모두 초대하여 제의를 올리는 날, 시바 신을 초대하지도 않고 모욕하는 말을 하자 이에 항의하던 사띠가 남편의 명예를 지키기 위해 불 속으로 뛰어들어 자살하게 된 데서 유래한 거라고 합니다. 실제로 몇 년 전에도 인도에서 한 할머니가 할아버지를 화장하는 불길 속으로 뛰어들어 목숨을 끊은 일이 있었다고 하니 놀라지 않을 수가 없습니다.

이렇게 사회적으로 대접받지 못하는 계층, 즉 여성이나 노예, 불가촉천민 등에게는 출가 그 자체가 굉장히 힘든 일이었을 것입니다. 게다가 승단 내부에서도 보수적인 비구들이 여성 출가를 반대했을 테니, 여성이 출가하여 승가에 합류하는 것은 매우 어려운 일이었을 테지요.

중요한 문제는 또 있습니다. 첫 여성 출가자들이 모두 사꺄족이라는 점입니다. 부처님 제자 중에는 사꺄족 출신이 많았습니다. 부처님의 교화로 형제뿐만 아니라, 사촌에 팔촌, 심지어 아들까지 출가했으니까요. 그러니 사꺄족 출신 비구들이 승가 안에 많을 수밖에 없습니다. 무슨 말인가 하면, 출가하겠다는 사꺄족 여인의 전 남편은 대부분 부처님의 제자가 되어 승가에 머물고 있었으니, 남들이 보기에는 오해와 빈축을 살 만한 일이 아니었겠나 하는 점입니다. 아마도 부처님으로선 상당히 받아들이기 어려운 문제였으리라 생각됩니다. 그럼에도 불구하고 여성 출가자를 허용한 것은 제자들로 구성된 청정승가를 진실로 믿었기 때문 아니었을까요.

비구니 승가의 성립

- 부처님의 양어머니이자 이모인 마하빠자빠띠 고따미가 여성 출가를 허락해 달라고 붓다에게 청원. 세 번에 걸쳐 애원함.
- 부처님의 거절 이후 아난다의 청원
  "세존이시여, 만약 여인이 여래가 설하신 법과 율에 있어 출가한다면 예류과·일래과·불환과·아라한과를 얻을 수 있습니까?"
  "아난다야, 만약 여인이 여래가 설한 법과 율에 있어 출가한다면 예류과·일래과·불환과·아라한과를 얻을 수 있느니라."

팔경법(八敬法, aṭṭha garudhammā)

첫째, 비구니는 구족계를 받은 지 백 세가 되어도 오늘 구족계를 받은 비구를 예경하고, 일어나서 맞이하며, 합장하고, 공경해야 한다.

둘째, 비구니는 비구가 없는 곳에서 우기를 보내서는 안 된다.

셋째, 비구니는 보름마다 비구 승가에 두 가지 법을 청해야 한다. 즉, 포살을 묻는 것과 교계에 가는 것이다.

넷째, 비구니는 우안거가 끝나면 비구 승가와 비구니 승가의 양 승가에서 보고 듣고 의심 가는 세 가지 일에 대해 자자(自恣)를 행해야 한다.

다섯째, 비구니가 경법(敬法)을 범하면 양 승가에서 보름 동안 마나타(摩那埵, mānatta)를 행해야 한다.

여섯째, 식차마나가 2년 동안 6법의 학처를 배우고 나면 양 승가에서 구족계를 구해야 한다.

일곱째, 어떤 수단에 의해서도 비구를 욕하거나 꾸짖어서는 안 된다.

여덟째, 오늘부터 비구니의 비구에 대한 언로(言路)는 폐쇄되고, 비구의 비구니에 대한 언로는 폐쇄되지 않는다.

스님의 라이프 스타일

어린이·청소년의 출가

어린이·청소년 출가자를 지칭하는 단어는 사미와 사미니입니다. 사미의 원어는 사마네라(sāmaṇera), 사미니는 사마네리(sāmaṇerī)라고 합니다. 이 말은 사문이라는 말의 유래가 된 단어 사마나(samaṇa)와 같이 '일하다', '노력하다'라는 의미에서 왔습니다. 요즘에도 어린 나이에 출가하는 경우가 종종 있는데, 이렇게 일찍 승가에 들어왔을 때에는 일단 사미계를 수지하고 나서 만 20세가 되기를 기다렸다가 구족계를 받아 비구가 됩니다.

빨리율에서는 15세 이상이 정규 사미이지만, 『사분율』에서는 12세 이상이 정규 사미에 해당됩니다. 또 『마하승기율』에서는 7세부터 13세까지를 구오사미(驅烏沙彌), 14세부터 19세까지를 응법사미(應法沙彌), 20세부터 70세까지를 명자사미(名字沙彌)로 보았습니다. 단, 아난다의 간청에 의해 스스로 살아갈 수 있는 능력이 없는 아이들 중에서, 새를 쫓을 수 있을 정도의 역할만 할 수 있다면 나이가 어려도 승가에 받아들이기로 하고 함께 생활하게 되었죠. 그래서 까마귀(烏)를 몬다(驅)는 뜻의 '구오사미'라고 한 것입니다.

이렇듯 불교 교단에 사미, 사미니가 들어오게 된 것은 연소자를 육성하기 위해서입니다. 하지만 시대와 함께 여러 가지 변화를 겪게 되면서 사미와 사미니도 승가 내에서는 점차 확고한 위치를 차지하게 됩니다.

라훌라의 출가

부처님은 깨달음을 얻고 5년 뒤, 고향인 까삘라 성에 방문하셨습니다. 그때 출가 전 부인이었던 야소다라가 아들 라훌라에게 이렇게 시켰어요.

"라훌라야, 저 분이 너의 아버지다. 저 분에게 가서 유산을 달라고 하여라."

어린 라훌라는 시키는 대로 부처님께 가서 그대로 말했습니다. 그러자 부처님은 침묵한 채 공양을 들고 왕궁을 떠났습니다. 라훌라가 좇아 나서자 부처님은 싸리뿟따에게 말해 라훌라를 출가시켜 최초의 사미로 만들었다고 합니다.

이 소식을 들은 숫도다나 왕은 부처님을 찾아가 괴로워하며 어린아이가 출가할 때는 부모의 허락을 맡아야만 한다고 애원했습니다. 그 애원하는 대목이 어찌나 애절한지 모릅니다. 이렇게 말했대요.

> 세존이시여, 세존께서 출가하실 때 저는 무척이나 괴로웠습니다. 난다(부처님의 이복동생)가 출가할 때도 그러했는데, 이제 라훌라까지 출가하게 되니 저는 너무나 괴롭습니다. 세존이시여, 자식에 대한 애정이 저의 피부를 도려냅니다. 피부를 도려낸 뒤 살갗을 도려내는 듯하고, 살점을 도려내고 힘줄을 끊고 뼈를 자르고 골수를 뽑아내는 듯합니다. 세

스님의 라이프 스타일

존이시여, 원컨대 부모의 허락이 없이는 출가시키지 말아
주십시오.

세존이시여, 부모가 자식을 생각하는 그 사랑은 골수에 사
무치며 저 또한 그러합니다. 세존께서 출가하신 지 7년 동
안 앉고 일어나고 먹고 마시면서 매일 울지 않은 적이 없었
습니다. 오직 원하오니, 세존께서는 여러 비구들을 제지하
시어 그의 부모가 허락하지 않은 아이는 출가하지 못하게
하여 주소서.

- 『마하승기율』 24권

부처님은 그 요청을 수락했으나, 이미 라훌라는 출가한 상태였기에 어
쩔 수가 없었지요. 어린 라훌라는 한 줌의 모래를 들고 '오늘 저는 이 모
래알처럼 많은 가르침을 얻기를 소망합니다'라고 기도했다고 합니다.
라훌라는 말썽도 피운 적이 있지만, 훗날 노력하여 아라한과를 증득하
고, 부처님의 10대 제자 가운데 밀행제일(密行第一)로 꼽히게 됩니다. 『율
장 대품』에 나오는 이야기입니다.
 또 『마하승기율』 29권에서는 라훌라의 출가 외에도 전염병으로 가
족을 모두 잃게 된 어린아이를 데리고 기원정사로 돌아온 아난다 존자
의 이야기가 나옵니다. 부처님은 오갈 데 없는 아이를 데리고 온 아난다

에게 "그대는 (아이를 데려올 때) 어떤 마음을 냈는가?" 하고 묻습니다. 아난다 존자는 "자민(慈愍)하는 마음"이라고 대답합니다. 아난다 존자의 대답을 들은 부처님은 곧 아이를 받아들였습니다. 아난다 존자의 자애로운 마음이 중요하게 작용했던 것이죠. 뒤이어 율장에서는 "한 비구는 어린 사미를 세 명까지 키울 수 있다."고 허용하고 있습니다.

스님의 라이프 스타일

어린이·청소년 출가자가 지켜야 할 계율

사미, 사미니는 기본적으로 열 가지 계율을 지녀야 합니다. 『율장 대품』 제1장 중 56 '사미의 열 가지 학습 계율'에 그 내용이 나옵니다.

> 1. 살아 있는 생명을 죽이는 것을 삼가고
> 2. 주지 않는 것을 빼앗는 것을 삼가고
> 3. 순결하지 못한 삶을 삼가고
> 4. 거짓말하는 것을 삼가고
> 5. 곡주나 과일주 등 취기 있는 것을 마시는 것을 삼가고
> 6. 때 아닌 때(식후, 정오부터 다음날 일출 때까지)에 먹는 것을 삼가고
> 7. 춤, 노래, 음악, 연극을 보는 것을 삼가고
> 8. 화환, 향, 크림을 가지고 단장하고 치장하는 것을 삼가고
> 9. 높은 침상, 큰 침상을 삼가고
> 10. 금, 은을 받는 것을 삼간다.

어린이·청소년 출가자는 예비 승려이기 때문에, 이들이 지키는 10계를 '학습 계율'이라고 부릅니다. 내용을 보면 대체로 재가신도의 계율과 유사하지만, 출가자로서 인정받는 조항은 마지막에 화폐에 해당하는 금은의 수령 거부에 관한 것뿐입니다.

『마하승기율』제29권에 의하면, 어느 날 한 비구가 어린 사미를 데리고 고향에 인사하러 다녀오게 되었습니다. 광야를 지나가는 길에 용이 나타나 출가한 어린 사미를 찬탄하며 머리 위에 꽃을 뿌립니다. 사미가 고향에 도착하니 친척들은 아직 한창 부모 밑에서 투정부릴 나이의 어린 사미가 승가로 돌아가는 것이 안타까워 궁핍할 때 쓰라며 돈을 챙겨주었습니다. 아이는 가족들이 챙겨준 돈을 주머니에 넣었지요.

그러자 승가로 돌아오는 길에 다시 용이 나타나 사미의 머리 위에 흙을 뿌리며 비난하기 시작했다고 합니다. 이상하게 여긴 비구가 울고 있는 사미에게 그 연유를 묻자 돈을 가지고 있어서 그렇다고 대답합니다. 비구는 사미에게 당장 그 돈을 버리라고 시킵니다. 그러자 용이 다시 나타나 이전처럼 사미를 칭송하며 공양을 올렸습니다. 이 사건으로 인하여 사미에게도 금이나 은, 돈의 소지를 금지시키게 했다고 합니다.

이렇듯 사미, 사미니가 제아무리 예비 승려라 해도, 이들 역시 승가의 구성원입니다. 대외적으로는 사실상 승려의 자격을 갖춘 것처럼 보이니까요. 따라서 이들도 크게 잘못하면 승적을 박탈하여 승단에서 영원히 추방하는 멸빈(滅擯)이 될 수 있습니다. 『율장 대품』제1장 중 58 '사미에 대한 처벌 2'에 그 내용이 나옵니다.

1. 살아 있는 존재를 죽이거나

2. 주지 않는 것을 빼앗거나

3. 순결을 지키지 않거나

4. 거짓말을 하거나

5. 곡주나 과일주 등의 취기 있는 것에 취하거나

6. 부처님을 비방하거나

7. 가르침을 비방하거나

8. 참 모임을 비방하거나

9. 잘못된 견해를 갖고 있거나

10. 수행녀를 능욕하면, 사미를 멸빈시키는 것을 허용한다.

실제로 율장에 보면, 사미 깐따까가 여인을 범하는 일이 발생하자 멸빈한 사례를 인용하고 있습니다. 승가의 일원으로서 인정받았다면 그에 합당한 행동과 처벌까지도 동반하는 것이 타당하니까요.

식차마나, 비구니가 되는 중간 과정

한편, 사미와 사미니는 20세가 되면 구족계를 받을 수 있습니다. 남성 출가자의 경우, 20세가 넘었다면 그는 그 자리에서 곧바로 비구계까지 받을 수 있습니다. 그러나 여성 출가자의 경우는 좀 다릅니다. 먼저 6계를 받고 '식차마나'라는 신분이 되어 2년을 더 지내야 비구니계를 받을 수 있습니다. 이 과정을 어려서 출가한 사미니의 입장에서 다시 정리해보면, 18세까지 기다렸다가 식차마나 6계를 받고, 2년 후 20세가 되어 비구니계를 받게 된다는 얘기입니다. 이유는 임신 여부를 가리기 위해서라고 합니다.

비구니 율장 속죄죄법 제142조 '2년 동안의 학습 계율'에 보면, 사미니들은 다음과 같이 6계를 맹세하고 식차마나가 됩니다.

1. 산 생명을 죽이지 않는 계행을 2년 동안 어기지 않겠다는 맹세를 지키겠습니다.
2. 주지 않은 것을 빼앗지 않는 계행을 2년 동안 어기지 않겠다는 맹세를 지키겠습니다.
3. 순결하지 못한 삶을 삼가는 계행을 2년 동안 어기지 않겠다는 맹세를 지키겠습니다.
4. 거짓말하지 않는 계행을 2년 동안 어기지 않겠다는 맹세를

지키겠습니다.

5. 곡주나 과일주 등의 취기 있는 것을 삼가는 계행을 2년 동
   안 어기지 않겠다는 맹세를 지키겠습니다.

6. 때 아닌 때에 식사하지 않는 계행을 2년 동안 어기지 않겠
   다는 맹세를 지키겠습니다.

그런데 여기에 재밌는 이야기가 나옵니다. 만 12세에 결혼한 여자 아이가 2년 동안 6계를 지키면 비구니계를 받을 수 있다는 이야기인데요. 이 말은 곧, 만 12살에 결혼을 했다가 사정이 있어 출가했다면 임신 여부를 판단하는 기간인 2년 동안만 식차마나로 살고, 그 후 만 14세가 되면 비구니계를 받을 수 있다는 얘기입니다. 아무리 나이가 어려도 결혼했던 경험이 있는 여성이라면 어른으로 간주했던 것 같습니다.

또 율 중에는 출가자가 되기 위해서는 10인 이상의 비구·비구니에게 허락을 받지 않으면 안 된다는 규정이 있습니다. 비구라면 10인 이상의 비구 스님이 허락해야 하고, 비구니라면 10인 이상의 비구니 스님의 허락이 필요합니다. 단, 여성의 경우에는 10인 이상 비구니 스님의 허락을 받은 후에 10인 이상의 비구 스님에게 또 허락을 받을 '필요'가 있습니다. 비구니 스님이 되기 위해서는 비구 스님보다 훨씬 더 복잡한 과정을 거치는 것입니다.

그렇다면 출가를 승인해줄 스님들의 숫자가 부족할 경우에는 어떻

게 할까요? 그럴 경우에는 더 이상 아무도 스님이 될 수 없게 되고, 당연히 승가도 유지할 수 없는 지경에 이르게 됩니다.

불교 국가인 스리랑카의 경우가 그렇습니다. 한때 나라가 혼란스러워 점차 출가자의 숫자가 줄어들었고, 비구니 숫자도 10인을 넘지 못하는 상황이 되어 결국 비구니 승가가 소멸하게 되었습니다. 그 후 천 년 동안 스리랑카에도, 타이에도, 미얀마에도 비구니가 없었습니다. 부처님이 애써 설한 깨달음의 길이 그 이후로 여성에게는 닫혀버렸던 것이죠. 다른 나라에 가서 계를 받을 수야 있겠지만, 그 나라 안에서의 여성 출가는 불가능하니 안타까운 일이 아닐 수 없습니다.

출가할 수 없는 사람들

출가에는 자신을 극복해야 하는 것 말고도 넘어야 할 산이 아주 많습니다. 자신의 의지가 아무리 굳건해도 정작 출가 교단인 승가가 자신을 받아주지 않으면 소용없는 일이기 때문에, 이 부분은 매우 중요합니다. 무슨 말인가 하면, 출가하겠다고 굳게 결심하고 절에 가도 아무나 받아주지 않는다는 얘기입니다. 거기에는 승가 고유의 입단 조건이라는 것이 있습니다. 승가의 대외 이미지를 손상시키지 않을 범위 내에서 출가자를 받아들이겠다고 하는 목적을 담은 조건입니다. 그것을 가리켜 일명 '차법(遮法)'이라고 부르는데요. 여기서는 중요한 몇 가지만 다루도록 하겠습니다.

먼저 출가 희망자가 어리다면 부모의 허락을 받았는지 확인합니다. 이 규정은 라훌라를 떠나보낸 숫도다나 왕의 요청에 의해 생긴 규정이라고 전해집니다. 하지만, 크게는 불교 출가자를 바라보는 세상의 눈을 의식해서 제정된 규정이라고 할 수 있습니다. 애지중지 키워놓은 자식이 부모의 허락도 없이 어느 날 갑자기 집을 나가 출가해 버렸다면, 그때 부모가 느끼는 상처에는 이루 말할 수 없는 상실감이 동반될 테니까요.

지금은 대체로 출가 연령이 높아진 관계로 이 문제는 크게 거론되진 않습니다. 다만 호적 정리가 잘 되었는지를 확인합니다. 출가자는 독신을 전제로 하기 때문에, 만약 이혼을 하였다면 더더욱 이 과정이 중요하지요.

또 부채가 없어야 합니다. 그래서 밀린 빚은 없는지 자세히 봅니다. 부채자의 출가를 막기 위해서죠. 일단 출가를 하게 되면 세속의 모든 생산 활동으로부터 벗어나게 된다는 건 당연한 이치입니다. 그것은 곧 사회인으로서의 책임에서조차 탈피하게 된다는 의미입니다. 그러므로 결과적으로 빚을 진 상대에게 피해를 주게 되기 때문에, 이 조항 또한 세상을 의식하여 만든 규정이라고 볼 수 있습니다.

나아가 범죄자의 출가를 금하고 있습니다. 부모를 살해한 자는 물론이요, 각종 범죄, 즉 일명 서류상 '빨간 줄'이 있는 사람의 출가는 막혀 있습니다.

전염병 등 심각한 병도 없어야 합니다. 부처님 당시 승가에는 지와까라는 훌륭한 의사가 있었기 때문에 병 치료를 위해 임시방편으로 출가한 사람도 있었습니다. 그들은 병이 낫자마자 환속해버렸고, 그로 인해 출가자 사이에 불신이 생겨 혼란스럽기도 했습니다. 이러한 사태를 막기 위해, 출가 희망자 가운데 중병에 걸린 사람은 병을 치료한 후에 출가하도록 제도가 개선되었습니다.

또한 승가는 단체 생활을 주로 하기 때문에 전염병 유무는 반드시 확인하고 금하는 항목 중에 하나입니다. 요즘이야 전염병이 거의 사라진 상황이라 크게 문제되진 않지만, 옛날에는 나병이나 피부병 같은 전

스님의 라이프 스타일

염병은 굉장히 엄격하게 다뤄진 문제 중 하나였습니다.

병뿐만 아니라 장애인의 출가도 막혀 있습니다. 불교 승가는 특정한 편견을 가지고 장애인에 대한 차별 규정을 두고 있지는 않지만, 인천(人天)의 스승이 되는 출가에 대해서만큼은 금지하고 있는 게 사실입니다. 특히 『마하승기율』의 경우에는 손발이 없는 장애가 있는 사람, 귀나 코가 없거나 시청각 장애가 있는 사람 등 구체적인 내용을 들어 출가를 금지시키고 있습니다.

처음부터 그랬던 건 아닙니다. 그래서 당시 사람들은 "어찌하여 석가의 사문들은 귀가 들리지 않은 이를 제도하여 출가시켰는가? 그는 선과 악에 대한 말을 듣지 못한다. 그런데 어떻게 법을 듣겠는가? 이렇게 이치에 벗어난 사람에게 무슨 도가 있겠는가?" 하면서 장애인 출가를 비난했습니다.

카스트 제도를 부정하고 만인에 대한 평등 사상을 주장한 부처님이 장애를 가진 이에 대해 차별 정책을 폈을 리 만무하죠. 누가 보더라도 겉모습이 단정하여 그 모습만으로도 보는 이로 하여금 신심을 불러일으킬 만한 출가자라면 더할 나위 없이 좋겠지만, 요새 세상처럼 의학이 발달한 것도 아니고 당시 출가자가 다 그렇게 건장할 수는 없는 노릇입니다. 그럼에도 불구하고 세상의 비난을 들은 옛날 승가는 장애가 있는 사람의 출가를 금지시켰습니다.

동성애자 및 성불구자(성별과 겉모습이 일치하지 않거나 겉모습만으로 구분할 수 없는 자)의 출가 또한 금했습니다. 승가는 세간의 존경을 받아야만 원만히 운영될 수 있기 때문에, 출가할 사람이라면 이성애는 물론이요, 동성애도 마찬가지로 해서는 안 되는 행위였습니다. 승가는 성에 관한 한 모든 것을 금하고 있습니다. 더욱이 출가자들은 단체생활을 주로 하기 때문에, 성이 헷갈리는 사람들과는 함께 살 수 없다고 판단했습니다.

이외에도 출가할 수 없는 이들이 여럿 있으나, 대체로 현대 사회에 거론하기에는 불필요하다고 판단되는 내용들입니다. 단, 지금도 조계종에는 이와 유사한 절차가 남아 있습니다. 내용상으로 보면 과거의 차법과 많이 달라졌지만, 형식이나 그것이 목적으로 하는 의도는 동일합니다. 바로 승가의 대외 이미지를 손상시키지 않을 범위 내에서 출가자를 받아들이겠다고 하는 의도입니다. 이것은 불교 교단과 사회와의 관계를 고려하여 도입된 제도이며, 어디까지나 승단 운영이라고 하는 실무적인 측면에서 제정된 것입니다. 그러므로 영원불변한 것이 아니라, 시대가 바뀌고 사회가 바뀌면 규정 또한 자연스럽게 변화할 수 있을 것으로 보입니다.

스님의 라이프 스타일

십차(十遮)

- 출가하려는 사람에게 확인하는 열 가지

1. 이름은 무엇인가?
2. 화상의 법명은 무엇인가?
3. 몇 살인가?
4. 의발(衣鉢)은 준비되었는가?
5. 부모의 허락은 받았는가?
6. 부채가 있는가?
7. 노예인가?
8. 관리인가?
9. 결혼했던 적이 있는가?
10. 중병에 걸리지 않았는가?

십삼난(十三難)

- 출가할 수 없는 열세 종류의 사람

1. 변죄(邊罪)를 범한 자가 아닌가?
2. 비구니를 범한 자가 아닌가?
3. 적주자(賊住者)가 아닌가?
4. 전향자로서 도를 파괴한 자인가?
5. 황문(黃門, 남성 혹은 여성으로서의 성 기관을 가지고 있지 않은 사람)이 아닌가?
6. 아버지를 살해한 자가 아닌가?
7. 어머니를 살해한 자가 아닌가?
8. 아라한을 살해한 자가 아닌가?
9. 대중의 화합을 깨뜨린 자가 아닌가?
10. 부처님 몸에 피를 낸 자가 아닌가?
11. 비인(非人)인가?
12. 축생이 아닌가?
13. 이형(二形, 남성과 여성의 성 기관을 함께 가짐)을 가진 자가 아닌가?

스승과 제자의 인연

부처님의 가르침에 따라 자신의 내면 깊은 곳을 들여다보며 욕망을 가라앉히고, 나쁜 습관들은 체계적으로 제거해나가기 위해선 바로 곁에서 구체적으로 이끌어줄 스승이 필요합니다. 여기에서의 스승이란 포괄적인 의미에서의 부처님이 아니라, 자신의 말과 행동에 대하여 책임감을 가지고 바른 수행자가 되도록 교육하고 이끌어주는 은사 스님, 즉 화상(和尙)을 말합니다.

『사분율』제33권에 의하면, 부처님은 제자들에게 스승이 되는 것을 허락하며 이렇게 말씀하셨습니다.

> 비구들이여, 화상이 되는 것을 허락한다. 비구들이여, 화상이 제자를 대할 때에는 자식을 생각하듯 해야 하며, 제자는 화상 섬기기를 아버지를 생각하는 마음으로 해야 한다. 만약 이와 같이 그들이 서로 존경하고 화합하여 지낸다면 이 법과 율은 더욱 증장하고 번영할 것이다.

예를 들면, 화상이란 이런 존재입니다. 우빨리 존자는 부처님의 가르침을 받아 지계제일(持戒第一)이 되었으나, 실제로 그를 지도하고 보살핀 화상은 깝삐따까(Kappotaka) 존자였습니다. 라홀라 존자도 마찬가지예

스님의 라이프 스타일

요. 라훌라 존자가 부처님의 아들이기 때문에, 부처님의 친상좌(직계제자)라고 생각할 수 있지만, 어린 라훌라의 머리를 깎아주고 옷을 입혀 사미로 출가시킨 은사 스님은 사리뿟따였습니다.

은사 스님은 사미(니)로 출가를 할 때 정해지며, 한번 정해진 화상(은사)은 죽어도 바뀌지 않습니다. 사미의 출가 의식을 계기로 묶여진 화상과 제자의 사제 관계는 평생 변함없이 유지되는 것이죠.

화상은 갓 출가한 제자에게 출가 생활에 필요한 덕목들을 가르칩니다. 출가자로서 갖추어야 할 예법에 맞는 몸가짐 하나하나를 자세히 지도하고, 그에게 필요한 물품은 없는지 잘 살펴서 마련해 주어야 할 의무가 있습니다. 또 부처님은 화상에게 제자가 병들면 그 신변을 보살피고 식사까지 돌보게 하셨습니다. 제자만 스승에게 잘하는 것이 아니라, 스승도 제자에게 최선을 다해 잘해야 하는 것이죠.

또 한 가지 중요한 스승의 역할이 바로 제자의 법명을 지어주는 일입니다. 물론 부처님 당시 인도에선 그다지 중시된 것 같지 않지만, 지금은 법명 짓기가 매우 중요한 일 가운데 하나가 되었습니다. 스님들은 출가라고 하는 종교적 행위를 통해 부모님으로부터 받은 이름을 버리고, 부처님의 제자로 살아가리라는 다짐 아래 새로운 이름을 받습니다. 그 이름을 우리는 '법명(法名)', 혹은 '불명(佛名)'이라고 하는데요. 이를 은사 스님에게서 받습니다.

사실 스님들의 법명은 후한 명제 때 중국 땅에 불교가 전해진 이래,

위진남북조 시대를 거치면서 비교적 이른 시기에 정착된 것으로 보입니다. 여기에는 출가자의 위상을 높이고자 하는 전략도 숨어 있었겠지만, 무엇보다 세속으로부터 벗어나 고귀한 삶을 살아가고자 하는 이들을 세상과 차별화하고, 보다 숭고한 종교적 가치를 지향하면서 더욱 성실히 수행하고 교화할 것을 잊지 말라는 의무가 담겨 있습니다. 더욱이 동진시대 도안(道安) 스님 같은 분은 출가자는 다 석존으로부터 시작되므로, 모두 석(釋)씨 성을 사용해야 한다고 주장했는데, 지금도 그 영향으로 이름을 쓸 때 '석○○'이라고 쓰는 스님들이 있습니다.

스님의 라이프 스타일

은사 스님 모시기

이렇듯 이름까지 새로 지어준 스승과 제자의 관계는 비구, 비구니가 되어도 지속적으로 유지됩니다. 기본적으로 5년 이상은 은사에게 의지하며 가르침을 배우도록 되어 있습니다. 출가자라면 누구나 이와 같이 은사 스님으로부터 교육을 받고, 또 은사 스님을 시봉할 의무가 있습니다.

일상생활에서 필요한 잔심부름에서부터 병이 났을 때 간병하는 것까지, 교육을 받는 제자의 역할이 만만찮습니다. 반면, 제자가 병이 났을 때에는 은사도 제자를 간병해야 합니다. 제자가 병이 나면, 평소에 제자가 은사에게 하던 시봉을 반대로 은사가 제자에게 하지 않으면 안 됩니다. 스승과 제자가 상부상조하면서 사제관계를 유지하라는 뜻입니다. 하지만 은사와 제자의 관계는 단순한 사제지간이라기보다는 승가 내에서의 부모 자식 사이라고 봐도 될 정도입니다.

지금은 많이 달라졌지만 그 옛날 제자가 은사 스님 모시는 법은 이러했습니다.

1. 아침에 화상의 세면 준비를 합니다.
2. 화상의 자리를 정리합니다.
3. 죽이 있으면 그릇에 담아 화상에게 드립니다.
4. 화상이 일어서면 방석을 정리하고 청소합니다.

5. 화상이 마을에 갈 때는 옷차림을 돕고, 화상이 함께 가자고 하면 따라갑니다.

6. 행선지에서 화상이 말을 하고 있을 때, 이것을 막아서는 안 됩니다. 단, 화상이 죄가 될 만한 이야기를 하려고 할 때에는 그것을 막지 않으면 안 됩니다.

7. 돌아올 때에는 화상보다 한걸음 먼저 돌아와 방석을 깔고, 발 씻을 물, 발대야, 발 닦을 수건 등을 준비해 놓습니다. 화상이 들어오면 발우와 옷을 받아서 옷을 바르게 개어둡니다.

8. 옷이 땀에 젖어 있으면 말립니다.

9. 걸식한 결과, 화상에게는 먹을 것이 없고 자기에게만 먹을 것이 있을 경우, 화상이 원하면 자기의 식사를 화상에게 드립니다.

10. 화상의 식사 시중을 들고, 식사를 마친 후에는 발우를 씻어 정리합니다. 자신은 그 이후에 먹습니다.

11. 화상이 욕탕에 들어갈 때에는 전반적으로 소소한 시중을 듭니다.

12. 화상으로부터 가르침을 받거나 가르침에 대한 질문을 하거나 합니다.

13. 화상의 주거지를 청소합니다. 더욱이 화상이 쾌적하게 생활할 수 있도록 환경을 정리합니다.

14. 화상이 출가 생활에 지쳤거나 잘못된 견해를 가지고 있을
    때에는 바른 길로 돌아오도록 합니다.
15. 염색 등 화상의 옷 시봉을 합니다.
16. 화상의 허가 없이 제멋대로 행동해서는 안 됩니다.
17. 화상이 병이 나면 간병합니다.

사실 요즘에도 은사 스님을 모시며 일상생활 전반을 돌봐드리는 제자들
이 많이 있습니다만, 반대로 이렇게 소소한 시봉이 스트레스가 되어 힘
들어하는 제자들도 있습니다. 시봉은 스승에 대한 향심(向心), 바로 존경
심이 있어야만 가능한 제자의 의무일 테니 제자의 존경심을 잃지 않으
려면 스승은 자신의 언행을 더욱 신중히 해야 할 필요가 있겠지요. 아무
튼 부처님 법과 인연 맺어준 은사 스님은 고마운 존재입니다.

은사와 제자의 관계

승가 안에서 부모 역할을 하는 이가 은사 스님이지만, 그렇다고 해서 모든 제자가 은사 스님을 무조건적으로 따르는 것은 아닙니다. 세속에서도 자식이 부모 말을 잘 듣지 않는 것처럼, 제자들도 스승 말을 잘 안 듣는 경우가 있습니다. 그럴 때는 은사 스님으로부터 꾸중을 듣기도 하고, 스승과 제자 사이가 틀어지기도 합니다. 그런 감정의 어그러짐을 잘 수습하고 다시 좋은 관계를 유지하며 살아야 승가 생활이 대체로 원만해집니다.

그러나 만약 은사 스님에게 치명적 잘못이 있다고 판단되면, 제자는 은사를 설득하여 신속하게 처벌을 받게 해야 합니다. 화상이 율을 위반했을 경우, 제자라고 해서 그것을 은폐해서는 안 됩니다. 부모라고 해서 자기 자식에게 도리에 어긋난 행위를 강요하는 것이 용납되지 않는 것처럼, 은사 스님도 어디까지나 바른 교육관이라고 하는 조건이 붙어야만 권위가 유지될 수 있는 것이니까요.

또 화상이 제자보다 윗사람이라고 해서 제멋대로 행동할 수도 없습니다. 율에서 벗어난 부적절한 방식으로 교육하면 안 됩니다. 예를 들어, 제자에게 폭력을 휘두른다든지, 욕설을 퍼붓는다든지 하면 절대로 안 됩니다. 무릇 출가자들은 언제, 어떠한 경우라도 폭력이나 폭언은 결코 용납되지 않습니다.

승가는 화상이 될 수 있는 자격 요건을 엄격히 하여 다음과 같은 조건을 갖춘 스님만이 화상이 될 수 있도록 했습니다.

> 첫째,　계·정·혜 삼학을 갖추고 잘 아는 스님
> 둘째,　법을 많이 듣고 율에 밝은 스님
> 셋째,　제자의 질문에 적절히 답변하여 의문을 풀어줄 수
> 　　　있는 스님
> 넷째,　제자의 잘못을 바로잡을 수 있는 스님
> 다섯째, 제자가 병이 나면 간병할 수 있는 스님
> 여섯째, 제자가 파계하면 여법하게 그 죄를 소멸시킬 수
> 　　　있는 스님
> 일곱째, 법랍이 10년 이상인 스님

만약 은사 스님이 돌아가셨거나 환속을 했을 경우에는 다른 스승을 찾아야
합니다. 은사를 새로 정하는 것이 아니라, 은사를 대신하여 의지할 만한 스
승을 찾는 것입니다. 이를 '의지 아사리'라고 합니다. 화상과 아사리의 역할
에 별다른 차이 없이 화상의 대행으로써 아사리가 제정되었던 것입니다.
　　지금도 조계종에서는 출가자의 스승이 되려면, 이상의 자격에 더해
승가고시 3급에 해당하는 법계(중덕, 정덕)가 되어야 가능합니다. 즉, '구
족계를 받은 후 10년 이상은 되어야 제자를 둘 수 있다'는 율장의 규정을
따르고 있는 것입니다.

인생의 암흑기에 스승이 없다면 삶은 걷잡을 수 없는 방향으로 치닫고 말 것입니다. 그렇기에 스승의 존재는 어둠 속에서 만나는 불빛과도 같습니다. 더욱이 출가자에게 있어 스승은 제2의 부모님과도 같은 존재여서 은사 스님과의 관계가 자칫 어그러지게 되면 일생 동안 불편한 감정으로 살아가야 합니다. 그만큼 출가자에게 스승과의 관계는 중요합니다. 그러니 늘 조화롭게 만들어가도록 노력해야 합니다.

의지 아사리

일상생활에서부터 의식에 이르기까지 교육 전반에 걸쳐 제자를 돌보며 가르침을 주는 이가 화상, 즉 은사 스님이다. 이 화상의 역할을 대신하는 이가 의지 아사리이다. 의지아사리란, 화상이 없어진 비구에게 화상을 대신하여 교육하는 비구이다. 화상이 없어진 제자는 스스로 자신의 아사리가 되어줄 비구를 찾아, 그 밑에서 화상을 모시는 것과 똑같은 형태로 의지 생활을 보낸다. 기간은 화상을 모실 때와 마찬가지로 5년이다.

아사리(阿闍梨)의 종류

-『청정도론』(Visuddhimagga)에 나오는 네 종류 아사리
- 출가 아사리 (pabbajjācariya)
- 수계 아사리 (upasampadācariya)
- 의지 아사리 (nissayācariya)
- 교수 아사리 (uddesācariya)

-『사분율』에 나오는 다섯 종류 아사리
- 출가(出家) 아사리
- 수계(受戒) 아사리
- 교수(教授) 아사리
- 수경(受經) 아사리
- 의지(依止) 아사리

스님의 라이프 스타일

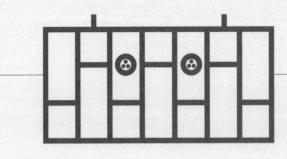

4

출가자의
옷 스타일

머리를 깎는 것에는 앞으로는
보통 사람으로서 살아가지 않고,
세상의 가치관을 떠난 인간으로
살겠다는 의지가 담겨 있습니다.
가사라고 불리는 옷을 입는 것은
일을 하지 않기 때문에
누더기 천을 입고 생활한다는 뜻이고요.
발우는 일 대신 수행만 하기 때문에
먹고 살 길이 없으니 여기 담아준 음식으로
연명한다는 생활 방침을 나타냅니다.

인도 스님들의 최소 생활 원칙

인도 스님들의 기본 생활 방침은 '분소의, 걸식, 수하주, 진기약'의 네 가지로 정리할 수 있습니다. 이것을 사의(四依)라고 부르는데, 간단히 정리하면 이렇습니다.

　분소의(糞掃衣)는 버려진 천을 모아 꿰매서 만든 옷입니다. 부처님은 제자들에게 분소의를 입도록 지시했습니다. 단, 재가자가 새 옷감을 보시했을 때에는 받아 써도 됩니다. 부처님은 분소의만을 원하는 이는 분소의만 입어도 좋고, 좋은 천으로 만든 가사를 원하는 사람은 그것을 입어도 좋다고 허락했습니다.

　하지만 새 천으로 옷을 만들어 입을 때에도 승가의 원칙이 있습니다. 새 옷감을 조각조각 잘라서 다시 꿰맨 뒤, 가사 색으로 물들여 입어야 한다는 원칙이죠. 이 원칙만 지키면 마로 짠 옷이나 무명, 비단, 양털, 마포로 만든 옷을 입어도 됩니다. 제아무리 멋진 가사라도 자세히 보면 조각보를 연결하여 만들었음을 알 수 있습니다. 이 또한 가사의 제작 원칙에서 결코 벗어나지 않은 것입니다.

　걸식(乞食)은 탁발해서 얻은 음식만으로 생활한다는 원칙을 말합니다. 단, 공양을 청하는 이가 있을 경우에는 탁발을 하지 않습니다. 물론어느 쪽이든 오전에 한 끼만 공양하는 원칙에는 변함이 없습니다. 걸식이라고 하는 생활 원칙을 통해 음식을 공양 받고, 그것을 약으로 삼아 수행에 전념하고자 하기 위함입니다.

수하주(樹下住)는 나무 아래에서 생활한다는 원칙을 말합니다. 이 또한 걸식에 대한 원칙에서처럼 신도로부터 건축물을 제공받았을 경우에는 써도 됩니다. 건축할 재료를 받았을 경우에도 직접 지어서 사용해도 상관은 없습니다. 하지만 신도가 제공하지 않았다면 재료를 모아도 안 되고, 직접 지어서도 안 됩니다.

마지막, 진기약(陳棄藥)은 소의 배설물로 만든 약을 말합니다. 보통 부패한 소의 소변을 끓인 것으로 맛은 매우 쓰지만 복통 등에 유용하게 쓰이는 약이라고 합니다. 인도 스님들은 병에 걸리면 우선 이 진기약을 사용했습니다. 그러나 일반 신도의 공양으로 건강을 회복할 수 있는 약을 받았다면 기꺼이 그 약을 써도 됩니다.

부처님은 비구가 야위고 핏줄이 드러나는 등 병이 깊어 음식과 죽을 먹어도 토하게 되면 다섯 가지 약을 먹으라고 하셨는데요. 발효된 우유, 버터, 기름, 꿀, 설탕 등이 그것입니다. 이 약들은 7일까지만 보관하며 사용할 수 있고, 그 외의 약은 평생을 보관하며 복용해도 됩니다. 하지만 원칙적으로 약에 대한 승가의 규정은 가능한 한 음식을 잘 섭취하여 수행자의 몸에 병이 나지 않도록 하는 것이 가장 중요하다는 입장을 지니고 있습니다.

스님의 라이프 스타일

검소하게 입어라

세속을 떠나 숲으로 들어간 출가자들은 모든 것으로부터 자유로워지고 싶었을 것입니다. 그러나 제아무리 모든 것으로부터 벗어나고자 떠나간 곳이라 하더라도, 그곳 또한 이 세상의 한 부분일 뿐이죠. 출가한다 해서 이 지상이 아닌 하늘 어딘가에 가서 사는 게 아닙니다. 출가한 스님이라 해도 옷도 필요하고 밥도 필요하고 잠잘 곳도 필요합니다.

출가를 하게 되면 기본적으로 외모를 바꿉니다. 남자도 여자도 머리를 삭발하고, 황토색으로 물들인 변변찮은 세 가지 옷(삼의)을 입거든요. 그리고 손에는 발우를 듭니다. 미얀마나 타이 등지의 남방불교 국가 스님들은 여전히 이런 모습을 하고 있습니다. 하지만 한국불교에서는 남자 한복처럼 생긴 회색 승복을 입고, 그 위에 적갈색으로 물들인 가사를 법계에 맞게 수하도록 되어 있습니다.

머리를 깎는 것에는 앞으로는 보통 사람으로서 살아가지 않고, 세상의 가치관을 떠난 인간으로 살겠다는 의지가 담겨 있습니다. 가사라고 불리는 옷을 입는 것은 일을 하지 않기 때문에 누더기 천을 입고 생활한다는 뜻이고요. 발우는 일 대신 수행만 하기 때문에 먹고 살 길이 없으니 여기 담아준 음식으로 연명한다는 생활 방침을 나타냅니다.

특히 스님들의 옷차림은 헤어 스타일만큼이나 중요한데요. 언제 어디서나 같은 색, 같은 디자인의 옷을 입고 머리를 깎아야 비로소 사람들에게 출가자임을 어필할 수 있기 때문이죠. 평범한 옷차림을 하고 있으면서 아무리 출가했다고 얘기해도 세상 사람들의 존경을 끌어내긴 어렵습니다. 특히나 요즘엔 출가자가 아니어도 개성에 따라 머리를 삭발하는 경우가 많아서 더더욱 스님들의 옷차림이 중요해졌습니다.

이렇게 출가자의 복장은 세속을 버린 자기의 생활 방식을 차림새를 통해 주위 사람들에게 보여주는 상징물입니다. 일반인들은 그런 모습을 보고 출가자인지 아닌지 구분하고, '공양을 받을 만한 훌륭한 분'이라고 느꼈을 때 안심하고 공양을 올리는 것입니다.

분소의, 소유의 무게를 줄인 비결

부처님 당시의 출가자는 분소의(paṃsukūlacīvara)를 의복의 기본으로 삼았습니다. 옷을 보시해주는 이가 아무도 없다면, 길가에 혹은 무덤가에 버려진 옷을 주워 입고 살라는 얘기입니다. 세속을 버린 사람들이 기초 생활을 할 수 있도록 옷을 공급받는 방식입니다.

본래 스님들은 원칙적으로 삼의일발(三衣一鉢)을 지니도록 되어 있습니다. 바로 세 종류의 옷과 발우 한 벌입니다. 부처님의 추천인 이것만이 출가자가 가질 수 있는 전부였습니다. 여기서 말하는 세 종류 옷의 기본 원칙이 바로 분소의를 입는 것입니다.

분소의 원칙은 처음에는 시체를 덮은 옷을 주워서 깨끗이 빨아 입는데서 비롯되었습니다. 율장에 보면 스님들이 분소의를 구하기 위해 묘지에 들어갔다는 표현이 자주 나오는데요. 묘지에 들어가기 싫어서 밖에서 기다리고 있던 스님들이 묘지에서 나오는 스님에게 자기들에게도 나누어 달라고 해도 주지 않았다는, 웃음을 유발하지만 안타까운 얘기도 있습니다.

아무리 필요한 일이라 해도 살다보면 정말 하기 싫은 일이 있기 마련입니다. 부처님의 제자들 중에도 출가는 좋은데, 분소의만큼은 입기 싫다고 생각하는 이들도 있었을지 모릅니다. 그렇지만 옷을 주워오는 일은 어쩌면 일생을 통해서 자기가 걸어가야 할 길이 무엇인지 몸소 체득하는 일 중 하나였을 것입니다.

분소의는 시체를 덮은 천이나 버려진 천을 주워 와 손수 기워 만들었습니다. 버려진 옷을 주워서 손질하여 괴색으로 물들여 입었죠. 즉, 세속적인 욕심을 일으키지 않도록 옷을 만들어 입은 것입니다. 이 옷에 대한 규정은 주로 『율장 대품』 제8장 「의건도」에 나오는데, 가장 처음 나오는 이야기가 지와까(Jīvaka, 기바)에 관한 것입니다.

라자가하에 살라와띠(Sālavatī)라고 하는 아름답고 세련되어 최상의 미모로 꼽히던 기녀가 있었는데, 어느 날 임신을 하게 되었습니다. 그녀는 아기를 낳아 쓰레기더미에 버렸어요. 지와까는 이때 버려진 아기입니다. 때마침 왕을 알현하러 가던 아바야 왕자(빔비사라 왕의 아들)가 까마귀에 둘러싸여 있는 갓난아기를 보고 그 아이를 구해내 후궁에서 키웠습니다. 훗날 지와까는 잘 자라 명성 있는 의사에게서 의술을 익혀 당대 최고의 의사가 되었는데요. 마침 치질로 고생하고 있던 빔비사라 왕을 고쳐주고, 왕의 권유로 부처님과 제자들까지 돌보는 의사가 되었습니다. 부처님이 감기에 걸렸을 때, 배탈로 고생하실 때, 데와닷따(제바달다)의 해코지로 발에 상처를 입으셨을 때도 지와까가 성심성의껏 돌봐드려 건강을 회복할 수 있었던 것입니다.

「의건도」에 이런 지와까의 이야기가 가장 먼저 나오는 이유는 남다른 의술을 가진 지와까가 부처님을 치료하고 난 뒤, 좋은 옷을 공양 올렸기 때문입니다. 지와까는 시체를 덮은 천이나 버려진 천으로 옷을 만들어 입으면 병에 걸리기 쉬우니 일반 사람들의 옷과 같은 천으로 스님들의 옷을 만들게 해달라고 부처님께 청했고, 이를 수용하여 부처님은 제자들이 새 천으로 옷을 만들어 입을 수 있게 허락했거든요. 출가자에겐 정말 고마운 존재가 아닐 수 없습니다.

부처님은 어느 쪽이든 그것에 '만족'하는 것이 중요하다는 것을 강조하셨습니다. 스님들의 겉모습도 중시했지만, 그들이 가지는 마음가짐이 더 중요하다고 판단하신 것 같아요. 하지만 인간적인 측면에서 보면, 당시 새 천을 보시 받아도 좋다는 부처님의 결정에 스님들이 얼마나 좋아했을지 상상이 갑니다. 어디까지나 제 생각이지만, 더 이상 무덤가를 기웃거리지 않아도 되니 아마 엄청 좋아하지 않았을까요? 출가자들도 인간인지라, 그들의 생활 본능과 승가 제도를 잘 조화시켜 줌으로써 교단의 발전을 도모한 결정이 아니었나 싶습니다.

옷이 부른 욕심

그렇지만 새 천을 보시 받아도 좋다는 결정은 또 다른 문제를 낳고 말았습니다.

『십송율』 제5권에서는 말썽쟁이 육군비구(부처님 당시에 나쁜 짓을 많이 하던 여섯 비구)가 의복을 많이 쌓아두고 마을에 들어갈 때마다 다른 옷을 입고, 마을을 나와서도 다른 옷을 입으며, 음식을 먹을 때도 먹고 나서도 다른 옷을 입고, 화장실에 볼일 보러 갈 때와 다녀와서 입는 옷이 다르며, 욕실에 갈 때와 나와서 입는 옷이 달랐다고 나옵니다. 게다가 그러고도 여분의 옷을 너무 많이 쌓아둔 나머지, 옷이 썩고 벌레 먹어 사용하지 못하게 될 지경이어서 꾸지람을 듣게 되지요.

그런데 당시에는 말썽쟁이 육군비구만 그런 것이 아니었던 것 같습니다. 옷이나 물건을 편법으로 모아두던 스님들이 제법 있었나 봅니다. 『마하승기율』 제8권에서는 여러 마을을 다니면서 옷과 물건을 잔뜩 얻어 수레에 가득 싣고 돌아온 비구들을 보며 '내 제자들이 저렇게 많은 옷과 물건을 구하고 있구나.' 하며 걱정하시는 부처님의 모습을 볼 수 있습니다.

그러다가 춥고 눈비 오는 어느 겨울, 부처님은 초저녁에 옷 한 벌을 입고 삼매에 드셨다가 밤이 깊어지자 추위를 느껴 옷 한 벌을 더 입으셨으며, 더 시간이 흘러 추워지자 옷 한 벌을 더 입으시고는 추위를 견디시며 '제자들에게도 옷 세 벌만 있으면 충분히 큰 추위와 큰 더위를 막을 수 있겠구나.' 하고 생각하셨다고 합니다. 그리하여 제자들에게 이르기를 "오늘부터 비구들에게 옷 세 벌만을 장만할 것을 허락한다."라고 하셨습니다.

승가는 적게 소유하는 삶을 즐기는 집단이었습니다. 소유욕을 버림으로써 영혼을 살찌우는 사람들이었으니까요. 그러나 그것이 늘 평안과 만족을 주는 것은 아닙니다. 소유욕이라는 것도 주관적인 것이니까요. 지금의 우리에게 옷 세 벌만 가지고 살라면 못할 겁니다. 단, 무언가를 소유한다는 것은 그 양이 많으면 많을수록 얽매임이 있는 것도 사실입니다. 너무 없어도 불편하지만 가진 것이 많아도 또 다른 불편함을 만들어내지요. 부처님이 최소 세 벌의 옷만 갖추라고 권유하신 것은 출가자의 분수를 살피게 하시려던 것 같습니다. 적어도 분소의를 입던 출가자가 옷에 눈이 멀지는 말라는 의미가 아니었을까요?

가사의 형태와 종류

승가에서는 천을 공양 받으면 잘라서 조각으로 만든 다음, 헌 조각을 하나 대고 밭 모양으로 나누어 꿰맨 뒤, 가사에 적합한 색으로 염색해서 분소의처럼 만들어 입었습니다. 천을 조각조각 붙여 가사를 만들 때, 그 조각 하나를 조(條)라고 하는데, 이 조에 대한 유래는 다음과 같습니다.

어느 날, 부처님께서 라자가하를 떠나 남쪽으로 가던 길에 잘 정돈된 논을 보고는 아난다에게 이 논과 같이 옷을 만들 수 있겠느냐고 물으셨다고 합니다. 그러자 아난다 존자가 논과 논이 서로 마주대고 있는 것처럼 천을 조각내서 가사를 만들어 보여드리니 부처님께서 아난다 존자의 지혜를 칭찬하셨습니다. 이것이 가사에 조가 생기게 된 계기입니다.

가사색은 감색, 갈색, 붉은 기미가 있는 노란색, 적갈색 등으로 시작되었으나, 점차 승가에 화려한 옷감이 시주되자 정색(正色)이 아닌 괴색(壞色)으로 옷을 만들어 입도록 했습니다. 괴색이란 원색을 섞어서 만든 색을 말하며, 이는 외도나 속인과 구별하기 위함이라고 합니다. 어쨌든 승가는 같은 괴색이라도 다 떨어져서 지저분한 옷보다는 깨끗한 옷을 입어서 세상 사람들에게 단정한 모습을 보이려고 했던 것만은 분명한 것 같습니다.

이러한 가사에는 세 종류가 있습니다. 마을에 탁발을 하러 갈 때나 중요한 의식에서 입는 정장용 가사인 '승가리(僧伽梨, saṅghāṭī)', 평소 입

　　　　　　　　　　　　　　　　스님의 라이프 스타일

는 겉옷에 해당하는 '울다라승(鬱多羅僧, uttarāsaṅga)', 그리고 속옷에 해당하는 '안타회(安陀會, antaravāsaka)'가 그것입니다.

승가리(9조~25조)는 가사 가운데 가장 크기 때문에 대의(大衣)라고도 하는데요. 이것은 외출할 때나 왕궁에 출입할 때, 또는 큰 법회를 볼때 수하는 가사입니다. 특히 사원을 나와 외출할 때에는 반드시 승가리를 수하도록 되어 있습니다.

울다라승(7조)은 평상시에 입는 옷 가운데 가장 좋은 가사입니다. 승가의 공식적인 행사라고 할 수 있는 예불, 염송, 포살, 자자에 수하며, 가까운 곳에 외출할 때에도 입을 수 있습니다.

안타회는 가장 간단한 옷으로 사찰에서 일상적인 잡무를 보거나 잠잘 때 입는 옷이고, 기본적으로 5조를 만들어 입었습니다.

이상의 세 가지 가사는 누구나 갖추어야 할 필수품에 해당되므로 출가자들은 항상 이 삼의를 갖추어야 합니다. 그러나 부득이한 사정으로 인해 삼의를 다 갖추지 않아도 되는 경우가 있으며, 삼의 외에 더 많은 옷을 가져도 되는 경우도 허용되었습니다. 삼의를 다 갖추지 않아도 되는 경우는 주로 병에 걸렸거나 비를 맞았을 때, 강을 건널 때나 사원의 문이 닫혔을 때 등입니다.

여성 출가자에게는 이 삼의 말고도 두 가지가 추가로 허용되었습니다. 부견의(覆肩衣)와 수욕의(水浴衣), 이 두 가지가 더 포함되어 모두 오의(五衣)를 갖춥니다. 부견의는 가슴이나 겨드랑이 등을 노출하지 않도록 감싸고 다니는 옷을 말하는데요. 사꺄족 귀족 출신의 비구니가 어깨와 팔을 드러내놓고 탁발을 다니는 모습을 본 세간 사람들이 비난한 것을 계기로 제정되었습니다. 수욕의는 목욕할 때 입는 옷으로, 이는 비구니가 알몸으로 목욕하는 모습을 본 세간 사람들이 비난하자 입게 되었다고 합니다. 이렇게 해서 다섯 가지 가사가 비구니의 옷으로 지정되었습니다.

출가자의 의복

- 비구(삼의)

- 승가리(9~25조) : 외출할 때나 왕궁에 출입할 때, 큰 법회를 볼 때 수하는 가사
- 울다라승(7조) : 예불, 염송, 포살, 자자 등 승가의 행사에 참석할 때나 가까운 곳에 외출할 때 수하는 가사
- 안타회(5조) : 사찰에서 일상생활을 할 때나 잘 때 수하는 가사

- 비구니(오의)

- 승가리, 울다라승, 안타회
- 수욕의 : 목욕할 때 입는 옷
- 복견의 : 흉부를 가리기 위한 옷. 사찰 밖으로 나갈 때 반드시 착용해야 함

스님의 라이프 스타일

율에 어긋나지 않게 율을 어긴 옷

이상 살펴본 바와 같이, 출가자들이 갖추어야 할 옷은 삼의 내지는 오의로 규정되어 있으나, 실상은 조금 달랐던 것 같습니다. 공양물을 거절하는 것은 신도들이 복 지을 기회를 저버리는 일이 되기 때문에, 출가자로선 거부하면 안 되는 일이잖아요. 그럼 공양물이 많을 경우에는 어떻게 했을까요?

삼의 외에 또 다른 옷을 보시 받았을 때는 10일을 한도로 해서 장의(長衣, atirekacīvara), 즉 여분의 옷을 소지하는 것이 허용되었습니다. 공양 받은 옷감을 유용하게 처분할 시간으로 10일 정도는 필요하다고 생각했나 봅니다.

또 옷이 찢어지는 경우가 발생할 수도 있으니, 이런 갑작스러운 상황에 대비하여 옷을 비축해둘 필요도 있었습니다. 따라서 여분의 옷에 대해서는 그 범위를 상당히 완화하고 있었지요. 옷을 공양 받은 사람이 다른 사람에게 옷을 맡겨두었다가 필요할 때 찾아 사용한 경우도 있었습니다. 모두 정법(淨法)을 이용한 것이죠.

정법이라는 말의 '정(淨)'은 '죄가 되지 않는다', '죄에 접촉하지 않는다'란 의미를 가지고 있습니다. 말하자면 정법이란 스님들이 상황에 맞게 융통성을 발휘하여 율에 저촉되지 않고 죄가 되지 않도록 하라는 취지에서 정해진 것이라고 보면 됩니다. 율에 어긋나지 않게 율을 어기는 법인 셈이죠.

이 정법 가운데 정시(淨施, vikappana)라는 것이 있는데, 이는 옷이나 발우 등의 소유물을 형식적으로 포기하는 것을 말합니다. 승가에서는 우기 4개월 동안에는 우욕의(雨浴衣)를, 병중에는 복창의(覆瘡衣)의 소유를 허락하고 있었지만 평상시에는 삼의 한 세트만을 소유하게 되어 있어 옷을 도둑맞거나 잃어버리면 곤란한 상황이 발생합니다. 그래서 이를 해결하기 위한 대책으로서 정시가 허용되었습니다.

정시하는 방법은 이렇습니다. 정시를 해두고자 하는 사람은 상대에게 여벌의 옷을 정시한다고 말하는 겁니다. 말로는 상대에게 보시하는 형태를 취하지만, 소유나 보관은 결국 정시를 한 본인이 하는 것이죠. 이렇듯 정시란 실제로 행해지는 보시가 아니라 형식적으로 이루어지는 보시입니다. 이 방법에 의해, 비구는 삼의만이 아니라 여러 벌의 옷을 소유할 수 있었던 것이고요.

필요에 의해서 소유하는 옷이기 때문에 나무랄 수는 없지만, 이 제도를 이용해서 옷에 대한 욕심을 채우는 스님도 있었던 것으로 보입니다. 어쨌든 욕심이 많으면 마음에 초연함이 깃들 수 없는 법이죠.

스님의 라이프 스타일

의발의 사후 관리

그럼 스님들이 죽은 후엔 그 옷들과 발우는 어떻게 될까요?
부처님은 "출가자들이여, 수행자가 죽으면 승가가 발우와 옷의 주인이
된다. 그런데 또한 간병인이 많은 도움을 주었으니, 세 벌의 옷과 발우를
간병인에게 주는 것을 허용한다."라고 하셨습니다. 「의건도」27 '죽은 자
의 발우와 옷'에 나온 이야기입니다.

그리고 옷과 발우, 소지품이 많았던 비구가 죽은 뒤 승가가 그 처리
를 놓고 고민하자, 부처님께서는 간병인에게 삼의일발을 주게 하고, 나
머지는 승가가 알아서 분배하도록 했습니다. 가벼운 것은 스님들이 나
누어 쓰도록 하고, 나누기 어려운 것이나 무거운 것은 다음 스님들을 위
해 승가가 보관하는 것으로 정리한 것이죠.

앞서도 말했지만, 이렇게 옷과 소지품이 많은 스님의 모습이 율장에
나타나는 걸 보면, 재가신도로부터 받은 보시가 사실상 거의 다 인정되
고 있었다고 판단됩니다. 말하자면 삼의일발의 소유 원칙은 보시가 없
을 경우에 필요한 최소한의 원칙이었던 것이죠.

한국 스님들의 옷 스타일

우리나라 스님들은 기본적으로 가사, 장삼, 고의(바지), 적삼, 동방아, 두루마기를 갖추고 있습니다. 특히 가사는 인도불교 당시와는 다른 옷감과 형태로 만들어져 세월의 흐름만큼 변화되어 왔음을 보여주고 있습니다.

그렇다고 해서 한국 스님들의 옷차림이 부처님이 제정했을 당시의 메시지를 담고 있지 않은 것은 아닙니다. 분명 그 형태가 부처님 당시와 동일한 것은 아니지만, 한국불교 출가자들이 수한 가사에도 그들이 부처님의 제자라는 것쯤은 누구라도 알 수 있을 정도로 확실한 이미지를 담고 있습니다.

인도에서는 삼의로 구성된 가사 한 세트만 있으면 일상생활에서 종교 의식에 이르기까지 편리하게 사용할 수 있었습니다. 그러나 그 외의 국가에서는 세월이 흐르고 환경이 달라지면서 인도와는 다른 양상을 나타내게 됩니다. 불교가 여러 나라에 전파되면서 각 나라의 기후와 환경, 문화와 민족성과 만나 새로운 복식 문화를 만들어내게 된 것이죠. 우리나라 같은 경우에는 의식에 참석하는 등 격식을 갖춰야 할 때 우리 고유의 의상에 가사를 덧입는 형태로 변형되었습니다.

이러한 가사나 의복은 출가자라고 하는 신분을 명확하게 해줍니다. 그래서 스님들은 항상 복장에 신경을 써야 합니다. 신도들이 어떻게 볼지, 그 시선을 의식해야 하기 때문입니다. 그런데 스님들은 자신의 겉모습을 그리 대수롭게 여기지 않는 버릇이 있습니다. 외형보다는 내면에 더 중점을 두고 있기 때문입니다.

그러나 부처님은 승가에 대해 그런 식으로 생각하지 않았습니다. 승가 구성원 한 사람, 한 사람의 모습이 일반인들의 신앙생활에 어떠한 영향을 끼치는지 잘 알고 있었기 때문이죠. 따라서 언행뿐만 아니라 정갈한 생활, 단정한 복장 상태를 항상 유지하도록 가르치셨습니다.

위에서도 말했듯이, 불교가 중국 등 북방으로 전해지면서 가사를 입는 습관도 달라졌습니다. 또 가사가 갖는 의미도 상당히 바뀌었어요. 그전만 해도 가사는 평소에 늘 입는 스님들의 생활필수품이었는데, 기후 조건이 전혀 다른 중국에서는 인도에서처럼 가사만으로 생활할 수 없었던 것이죠. 그래서 불교 전래 당시, 그 나라 사람들의 옷을 입게 되었고, 가사는 의식에 참여할 때만 그 위에 덧입게 되었습니다. 말하자면 가사는 부처님의 제자임을 알리는 동시에, 특정한 제자에게 자신의 법을 전하는 상징물로서 표현하게 된 것입니다.

신발 패션

절에 가면 깨끗하게 닦인 하얀 댓돌 위에 여름이면 가지런히 고무신이 놓여 있고, 겨울에는 시골 할아버지들이나 신음직한 검은색 털신이 줄지어 늘어서 있는 모습을 볼 수 있습니다. 댓돌 위의 신발만 보아도 그 정갈한 질서에 아름다움을 느끼게 된다는 분들이 많이 계십니다. 신도 중에는 고무신을 보면 출가자에 대한 존경심이 우러나고 감동을 받게 된다고 말하는 분도 있더군요. 그런 얘길 들다보면 스님들의 겉모습이 일반인들에게 얼마나 많은 영향을 주는지 짐작하고도 남음이 있습니다.

그런데 도시에 살다보면 고무신 신기가 난감할 때가 있습니다. 흙길이 아니다 보니 걷다보면 발바닥도 아프고 불편하거든요. 그래서인지는 몰라도 언제부터인지 댓돌 위에서 고무신과 털신이 사라진 것 같습니다. 그 대신 큼직한 등산화나 운동화가 들쑥날쑥 저마다의 디자인을 자랑하며 정갈한 댓돌 위에 놓여 있습니다. 특히 산중에 위치한 사찰에는 산행이 용이한 등산화가 더 많이 놓여 있지요.

『마하승기율』제31권에는 가죽신과 나막신에 대한 규정이 나옵니다. 부처님 제자 가운데 난다(Nanda, 난타)와 우빠난다(Upananda, 우바난타)가 황금 가죽신(일부분이 금으로 된 가죽신)을 신고 다니다가 세간의 비난을 사게 되자, 부처님께서 "오늘부터 황금 가죽신 신는 것을 허락하지 않겠다."라고 했습니다.

스님의 라이프 스타일

또 말썽꾸러기 육군비구들이 가지가지 색색의 가죽신을 신어 비난을 사기도 하고, 너무 낡고 떨어진 한 겹의 가죽신을 신은 스님 또한 세간의 존경을 받아야 하는 스님이 천해 보인다며 비난을 사게 되는 일도 있었습니다. 그리하여 중도를 지향하는 우리의 부처님은 너무 화려한 것도, 너무 낡아 다 떨어진 한 겹 짜리 가죽신도 금지시켰다고 하는 내용이 있습니다.

　또 '나막신의 금지'에 대해서는 다음과 같은 유래가 있습니다. 부처님께서 아자따삿뚜(Ajātasattu, 아사세) 왕을 위해 밤이 새도록 『사문과경(沙門果經)』을 설할 때였어요. 심하게 피로했던 우빠난다가 자기 처소에서 잠시 쉬다가 신을 신고 나왔는데, 그때 칙칙 거리며 나막신 끄는 소리가 심하게 났습니다. 그 소리에 잠들었던 코끼리와 말이 놀라서 깨어나 크게 날뛰었다고 합니다. 이에 아자따삿뚜 왕은 누군가 자신을 해치려는 게 아닌가 하고 두려운 생각이 들어 궁으로 돌아가 버렸습니다. 그로 인해 부처님께서 시끄러운 소리가 나는 나막신 신는 것을 금했다는 얘기입니다. 또 좌선하던 비구가 나막신 끄는 소리를 듣고 정(定)에 머물지 못하였기에 금지되었다는 기록도 있어요.

　여기에서 보이는 계율 제정의 의도는 딱 두 가지입니다. 첫째는 '세상 사람들의 요구'에 의한 것이고, 둘째는 '수행에 방해가 되는 것은 금지한다'는 점입니다.

5

출가자의
푸드 스타일

스님들의 공식 밥그릇은 '발우'입니다.
이 발우에 밥을 담아 먹기 때문에
스님들의 식사를 '발우공양'이라고 합니다.
사실 발우를 든다는 것은
엄청 무거운 의미를 담고 있습니다.
스님들에게 있어 발우는
'수행하는 사람'이라는 표현이랍니다.

식생활 원칙과 발우

나는 침상에서 내려와 시내로 걸식을 나갔다.

밥을 먹고 있는 한 문둥병자에게 가, 그의 곁에 가만히 섰다.

그는 문드러진 손으로 한 덩이의 밥을 주었다.

발우 안에 밥을 담아줄 때, 마침 그의 문드러진 손가락이

'툭' 하고 그 안에 떨어졌다.

담 벽 아래에서 나는 그가 준 밥을 먹었다.

그것을 먹고 있는 동안 그리고 식사를 마치고 나서도

내게는 혐오스러운 마음이 일어나지 않았다.

－『테라가타(Theragāthā, 長老偈)』1054~1056게

이상은 마하깟사빠 존자의 게송입니다. 문둥병자에게서 공양을 받아먹
는 그의 모습이 숭고하기까지 합니다.

출가자는 걸식을 생활의 기본 원칙으로 삼고 있습니다. 음식을 얻기
위한 어떤 생산 활동도 해서는 안 되며, 오로지 사람들이 주는 공양에 의
지하며 살아가는 것이지요.

물론 스님들이 직접 나가서 마을을 돌아 걸식을 해서 먹는 것이 일
반적이지만, 재가신도가 자기 집에 음식을 준비하고 스님들을 모셔서
대접해도 됩니다. 반대로 신도가 준비한 음식을 직접 절에 가지고 와서

스님들이 나누어 먹도록 해주어도 됩니다. 1일 1식만 엄격히 지킨다면 별 문제 없었습니다.

또 유행 중인 출가자를 계속 따라다니며, 끼니때마다 음식을 제공해 주는 경우도 있었습니다. 특정 신도가 멀리 만행을 떠나는 출가자의 뒤를 따라 함께 이동하면서 스님들이 공양할 수 있도록 밥을 지어 준비해주는 것입니다. 더불어 그 밖에 일상의 자질구레한 일들을 돕기도 했습니다. 여기에는 남은 밥이라도 좀 얻을까 하고 구걸하는 무리들이 함께 따라다니며 무리를 형성하기도 했습니다.

그렇다면 걸식은 왜 할까요? 단순하게는 주린 배를 채우기 위함이겠지만, 궁극적으로는 수행하여 깨달음을 구하겠다는 수행자의 근본 목적을 위한 것입니다. 다시 말해 도(道)를 닦는 수행자로서 몸을 지탱하는 최소한의 영양을 섭취하기 위함입니다. 걸식을 왜 하는지에 대해 『보우경』에서는 다음과 같이 말하고 있습니다.

1. 모든 유정(有情)을 섭수하기 위해
2. 차례로 평등하게
3. 피곤하거나 나태심이 없게 하기 위해
4. 만족함을 알기 위해
5. 나누어 베풀기 위해
6. 탐착하지 않기 위해

스님의 라이프 스타일

7. 스스로의 양을 알기 위해

8. 원만하고 선한 품성을 나타내기 위해

9. 선근(善根)을 원만하게 하기 위해

10. 아집(我執)을 버리기 위해

이것이 보살이 걸식을 하는 열 가지 이유입니다. 걸식을 하여 생계를 유지한다는 것이 수행자에게 있어 얼마나 중요한 의미를 갖는지 잘 말해주는 내용이기도 하지요. 수행자에게 있어 걸식은 일상생활의 행주좌와(行住坐臥) 어묵동정(語黙動靜) 사이에 행하는 수행의 한 부분입니다.

이렇듯 걸식이라는 것이 원래는 수행자의 생활 수단임에도 불구하고, 지금 한국불교에서는 걸식하는 스님들을 거의 찾아볼 수가 없습니다. 오히려 걸식하는 스님은 정상적이지 못하다고 하는 인식이 일반적입니다. 조계종의 경우에는 승가의 위의 정립을 위해 1964년에 공식적으로 걸식을 폐지시켰습니다. 전통적으로야 스님들의 기본적인 생활 방침에 해당되지만, 우리나라 정서상 구걸하는 것으로 비춰져서 승려의 품위를 떨어뜨린다고 판단되어 내린 결정입니다.

이렇게 금지되었던 걸식은 1996년 불교계의 사회 참여 조성 기금을 마련하기 위해 전국적으로 시행된 적도 있었습니다. 탁발이 승가의 전통임은 분명하지만, 이와 같이 최근에는 공공선을 위한다는 목적성을 띠고 종교 행사의 일환으로 시행되는 정도에 그치고 있지요.

걸식하는 삶과 음식

앞에서도 말한 바와 같이 불교 초기의 스님들은 남이 주는 음식을 얻어 먹는 걸식 생활을 했기 때문에, 먹는 음식물에 관해 특별한 제약이 없었습니다. 음식을 가려 먹기 곤란한 생활 형태였으니, 보시 받은 음식물이라면 거의 다 먹을 수 있었습니다. 즉, 공양 받은 음식이라면 혐오 식품이 아닌 한 고기라도 먹을 수 있었던 것이죠. 음식물에 대해 금기 사항이 많은 다른 종교에 비하면 승가는 비교적 자유로운 편이었습니다.

지금에 비하면, 초기불교 승가의 경우 육식에 대해서는 더 관대한 편입니다. 이 글을 읽는 분 중에 "스님들은 육식을 안 하는 게 맞는 거 아닌가?" 하고 묻는 분이 있을지도 모르겠지만, 사실 육식 금지는 훨씬 뒤에 생긴 규칙입니다. 불교는 원래 육식을 인정하는 종교였습니다. 다만 여기에도 원칙은 분명히 있습니다. 생명 존중을 우선시하는 불교의 출가자가 육식을 위해 살생을 용인하는 것만큼은 용납할 수가 없기 때문에, 고기를 먹더라도 가려먹으라는 것입니다. 그래서 나온 원칙이 5종 정육(淨肉)입니다. 이에 해당하는 고기라면 먹어도 된다는 것입니다.

3종 정육
1. 자신을 위해서 죽이는 것을 직접 보지 않은 고기
2. 남으로부터 그런 사실을 전해 듣지 않은 고기
3. 자신을 위해 살생했을 것이란 의심이 가지 않는 고기

4. 수명이 다하여 자연히 죽은 고기

5. 짐승들이 먹다 남은 고기

사실 이상의 조항들은 고기를 먹는 행위가 곧바로 살생으로 이어지지는 않는다는 것을 전제로 생긴 것이라 여겨집니다. 신도들이 이러한 음식들을 스님에게 공양하고, 스님들은 아무렇지도 않게 공양 받은 음식을 먹으면서 '불살생' 계율을 지키며 살아가려고 노력하는 것이 자연스러워 보이지요. 자신이 믿는 신이 싫어하니까 돼지고기는 먹어선 안 된다거나 신의 화신이니까 소고기는 먹으면 안 된다는 다른 종교의 가르침과 비교해보면, 불교의 음식에 관한 시각은 오히려 합리적이라는 생각이 듭니다.

지금도 남방불교 국가의 스님들은 이런 사고방식 그대로 살아가는 것 같습니다. 그들은 동북아시아 불교 국가에 비해 식생활이 훨씬 더 자유롭기 때문입니다. 생각해보면 고기를 먹지 않는다고 다 훌륭한 스님이라고 할 수는 없습니다. 물론 고기를 먹지 않고 채식만 하면서 엄격하게 자신을 제어하는 스님이 더 훌륭하지만, 훌륭함의 기준이 그게 다인 것만은 아닐 테니까요.

육식에 관하여

종교에서는 먹는 것에 관해 터부시하는 것이 많습니다. 유대교를 믿는 사람들은 피가 덜 빠진 고기나 비늘 없는 생선을 먹지 않고, 이슬람교도들은 술과 돼지고기를 터부시합니다. 또 인도에 많은 힌두교도들은 쇠고기를 절대로 먹지 않습니다.

이렇게 종교인들이 특정 음식을 터부시하는 이유는 신과의 관계 때문입니다. 이슬람교가 돼지고기를 싫어하는 것은 알라신이 '돼지고기를 먹지 말라'고 말했기 때문이며, 힌두교가 소를 먹지 않는 것은 소를 신이라고 믿어서입니다.

불교는 절대자(신)의 존재를 인정하지 않기 때문에, 먹을거리에 대해선 처음부터 자유로운 편이었습니다. 또한 출가 수행자들은 본래 주는 대로 받아먹어야 하기 때문에, 딱히 음식을 가릴 수가 없었습니다.

특정 신이나 종교와 연관된 것은 아니지만, 한국불교에서는 아니, 조계종에서는 육식을 삼갑니다. 그 까닭에 대해서 인도불교가 중국에 전해지면서 중국에서 피어난 대승불교의 영향이라고 생각할지 모르지만, 꼭 그런 것은 아닙니다. 인도 땅에서도 이미 어느 시기가 되면, 불교도들이 고기를 먹지 않게 되었습니다. 대체로 소고기를 먹지 않는 인도 사회 전반에 '고기는 불결하다'고 하는 사고방식이 싹튼 후부터입니다.

이런 사고방식이 생긴 데에는 인간의 가치를 출생에 따라 결정짓는

스님의 라이프 스타일

카스트 제도의 영향이 컸던 것 같습니다. 사람만 그런 것이 아니라, 인도 사람들은 음식에도 카스트의 개념을 적용시켰거든요. 사람도 신분이 낮은 자일수록 더럽고 추하다고 생각했던 것처럼, 음식 또한 원래부터 깨끗한 것과 더러운 것이 있다고 그들은 믿었습니다. 즉, 고기는 불결하고 야채는 깨끗한 음식이라고 생각했던 것이죠.

그러다보니 더러운 고기를 먹으면 자기 몸도 자연스레 더럽혀지게 되는 것이 아닌가 하고 생각하게 됩니다. 그러니 고결하고 싶은 사람일수록 고기를 먹어선 안 되었죠. 인도 사회 전반에 걸쳐 있던 이러한 생각이 점차 약화되고 사라져가던 인도불교에 영향을 끼쳐 '불교의 채식주의'를 만들어냈던 것입니다.

그러나 중국에서는 사뭇 분위기가 달랐습니다. 인도의 대승불교가 중국에 전해지면서 자비 정신을 내세운 대승계가 이미 중국인들의 가슴속에 새로운 윤리관을 만들어내고 있었지요. 중국 사람들은 불교의 생명 존중 사상에 입각한 '불살생'과 타인을 돕는 적극적인 '자비행'을 현실에서 실천해가기 시작했습니다.

중국인들은 살생을 하지 않는 것은 물론이요, 출가자와 신심 깊은 불자라면 육식을 금하는 것을 당연한 일로 받아들였습니다. "보살은 마땅히 모든 고기를 부모의 피와 살로 생각하고, 그와 같이 관찰해야 한다. 세상의 모든 고기 중에는 생명 아닌 것이 없으니 죽이지 말아야 한다."라는 『능가경』의 말씀을 철저하게 실천하는 사회적 풍토를 마련해갔습니다.

뿐만 아니라 단순하게 살생과 육식을 하지 않는 것에 그치지 않고, 더 나아가 죽음에 처한 생명을 찾아내어 살려주는 '방생'도 적극 권장하며 행하게 되었습니다. 그리고 이러한 생명 존중과 자비의 정신은 중국불교에서 다시 한국불교로 전해져 현재 우리 불교가 가장 지향해야 하는 일반적인 윤리관으로 자리 잡았습니다. 이렇듯 합리성을 기반으로 살아가는 불교 수행자의 생활에는 만인을 납득시킬 만한 단아함이 들어 있습니다.

술 마시지 말라

예나 지금이나 절집에서 금기시되는 음식 중에 대표적인 것이 '술'입니다. 술은 일단 마시면 정신이 흐트러지고 수행에 방해가 되기 때문에, 부처님도 못 마시게 했습니다. 그러나 부처님이 술을 금지하게 된 시작은 뜻밖에도 이렇습니다.

율장에 의하면, 사가타(莎伽陀) 비구가 악룡을 항복시키자 사람들이 술을 공양했습니다. 그런데 사가타 비구가 이 술을 너무 많이 마셔 취한 나머지 부처님 앞에서 추태를 부리는 바람에 계가 제정되었다고 합니다. 부처님 앞에서 주정을 어떻게 했을까요? "부처 나와!" 그랬을까요? 그 상황을 상상하면 웃음이 나기도 합니다.

한편 『사분율』에 의하면, 음주를 하게 되면 열 가지 폐해가 생긴다고 합니다. 그 열 가지란, ① 얼굴색이 나빠지고 ② 힘이 빠지고 ③ 눈이 어두워지고 ④ 화를 잘 내고 ⑤ 업을 파괴하게 되고 ⑥ 병이 생기고 ⑦ 다투는 일이 늘어나고 ⑧ 평판이 나빠지고 ⑨ 지혜가 없어지고 ⑩ 죽으면 삼악도(三惡道)에 떨어진다는 내용입니다.

음주는 이러한 폐해 말고도 중요한 문제를 동반합니다. 음주운전의 경우가 그렇죠. 두세 잔 마시고 알딸딸하게 취한 상태에서 겁도 없이 운전대를 잡는 경우가 있습니다. 차라리 만취한 상태라면 운전할 엄두도 못 낼 텐데, 운전대 앞에서 방심할 만큼의 술이 오히려 더 무서운 노릇입니다.

피터 싱어(Peter Singer) 같은 윤리학자는 계율의 금지 조항보다 자동차 운전이 야기하는 도덕적 문제가 훨씬 더 심각하다고 했습니다. 특히 술 마시고 운전대를 잡는 것은 범죄 행위나 마찬가지라고 합니다. 음주 운전으로 인한 피해는 본인은 물론 자신과 전혀 상관없는 타인이나 가족들에게까지 씻을 수 없는 불행을 초래하기 때문이죠.

어디 그뿐인가요. 술은 지속적으로 마시다보면 중독을 일으키게 됩니다. 알코올 중독자가 되면 건강을 악화시키는 것은 말할 것도 없고, 정상적인 사회생활을 영위하기 힘든 폐인으로 만들어 버립니다. 술 때문에 돈을 마련하려고 범죄를 저지르기도 하고, 사회와 단절된 상태로 고립되어 혼자 지내면서 범죄성만 키우게 되는 것이죠.

중독 얘기가 나왔으니 떠오르는 우스갯소리가 있습니다. 성형 중독에 걸린 한 여성이 있었습니다. 그녀는 절에 와서 아름답게 오래 살기를 기도했습니다. 그러던 얼마 후 그녀가 교통사고로 죽게 되었습니다. 옥황상제 앞에 간 여성은 화가 나서 왜 이렇게 자기를 일찍 데려왔냐고 따졌다고 합니다. 그랬더니 옥황상제 왈, "야! 난 넌지 몰랐다." 그랬답니다.

현대 사회는 이렇듯 술 말고도 중독되는 것의 종류 또한 다양하고 많습니다. 예를 들면 휴대폰, 게임, 인터넷, 텔레비전, 쇼핑, 일, 섹스, 담배, 도박 등이 그렇습니다. 일단 중독이 되면 자신의 행동에 대해 통제가 안 되기 때문에 인간관계가 파괴되는 것은 시간문제죠. 중독은 이제 개

스님의 라이프 스타일

인의 문제만이 아니라, 사회적으로 미치는 파장이 위험한 수준에 이르렀습니다.

서울중독심리연구소에서는 '처음에는 내가 하고 싶고 내가 필요해서 하는 것이지만, 나중에는 그것의 노예가 되는 것'이 중독이라고 합니다. 중독은 스릴이 있고, 편안함도 있고, 짜릿한 쾌감도 있어서 벗어나기가 쉽지 않다고 해요.

하지만 생각해보면 그 어떤 이유보다도 사람이 외로우니까 그렇게 중독이 생기는 것이 아닌가 싶습니다. 아무튼 무슨 일이든 편안함과 쾌감에 너무 빠져선 안 되겠습니다.

먹으면 안 되는 때, 먹지 말아야 할 것들

이밖에도 먹지 말아야 할 음식들이 있습니다. 우리나라 음식 문화에서 쉽게 접할 수 있는 '마늘'이 그렇습니다. 마늘은 오래전부터 승가에서 금지되었는데요. 건강에는 좋지만 냄새가 너무 고약해서 대중생활을 하는 스님들이 먹어서는 안 되는 음식으로 규정되었습니다. 여럿이 살아가는 출가 공동체이기 때문에, 수행에 방해가 되는 것들은 단호한 조치로 못 먹게 했던 것이죠.

이외에 사람 고기, 코끼리 고기, 말고기, 개, 뱀, 사자, 호랑이, 표범, 곰, 하이에나 고기는 먹을 수 없다고 율장에 명시되어 있습니다. 이렇듯 혐오 식품을 제외하고는 음식에 관한 한 초기 승가는 대체로 관대한 편이었나 봅니다.

하지만 오전에 한 번만 먹으라는 규정만큼은 철저하게 지켜졌던 것으로 보입니다. 걸식이든 공양청이든 식사는 오전 중에 한 번만 했습니다. 정오에서 다음 날 일출까지는 때가 아닌 때, 즉 비시(非時, vikāla)라 하여 아무것도 먹을 수가 없었습니다. 혹여 탁발해서 정사로 돌아오는 중에 정오를 넘길 것 같으면, 돌아오는 중간에 먹었습니다. 자칫 정오를 넘기게 되면 그마저도 먹지 못하게 되어 있으니까요.

식사 때가 정해진 데에도 까닭이 있습니다. 전해지는 얘기에 의하면, 천둥번개에 비까지 내리는 험한 날씨의 어느 날, 한 스님이 배가 고팠는지 저녁때가 되어 마을에 내려가 어느 집 문을 두드렸다고 합니다. 그 스님은 산속에서 수행에만 몰두하던 터라 몰골이 엉망이었습니다. 해골로 된 발우를 들고, 더러운 분소의를 입고 있었으며, 머리는 자르지 않아 치렁치렁하고 수염까지 길러서 얼굴을 덥수룩하게 가리고 있었대요. 이 저녁에 누가 문을 두드리나 하고 나가본 여인이 그 괴물 같은 비구 스님의 모습을 보고 혼절을 했답니다. 그리고 불행하게도 당시 임신 중이었던 이 여인은 너무 놀라는 바람에 그만 낙태가 되었습니다.

이 사건은 당시 승가에 엄청난 타격을 주었던 모양입니다. 승가가 자식과 남편을 빼앗아간다고 원성이 대단하던 사람들은 이때다 하고 승가를 향해 비난을 퍼부었습니다. 그 당시에 아마 지금처럼 인터넷이 있었더라면, 더 난리가 났을 테지요. 아무튼 그 사건으로 인해 부처님은 비구는 오전에 걸식을 하여 반드시 정오가 되기 전에 공양을 모두 마쳐야 한다고 지침을 내리셨습니다.

이외에도 음식을 저장하거나 직접 조리해서 먹는 것 같은 일들도 엄격하게 금지했습니다. 남은 음식을 처리하지 않고 몰래 남겨놨다가 먹어도 안 되고, 직접 요리해서 먹어서도 안 됩니다. 게을러서가 아니라, 매일 걸식하러 가는 것이 수행에 방해된다고 생각하는 이들이 있었기 때문에 생긴 규정이랍니다.

하지만 나중이 되면 어느 정도 융통성을 발휘하여 이런 규정들이 해제됩니다. 주스 종류나 꿀, 설탕 등은 아무 때나 먹을 수 있고, 특히 아픈 스님들은 일주일 동안 약으로 볼 수 있는 음식들을 보관하면서 먹을 수 있었습니다.

스님의 라이프 스타일

남긴 음식은 어떻게 하나

출가자들은 탁발을 해서 오전 중에 공양을 모두 마쳐야 합니다. 채 먹기 전에 정오가 되었으면, 그날 식사는 그것으로 끝내고 남긴 음식은 전부 버립니다. 또한 정오가 되기 전이라도 식사를 마쳤다면 남은 음식은 전부 버려야 했습니다. 다만, 달리 식사를 하고 싶어 하는 스님이 있을 경우에는 정식으로 의식을 거친 후 나누어 줍니다. 이것을 여식법(餘食法) 또는 잔식법(殘食法)이라고 하는데요. "저는 다 먹었습니다. 이제 이것은 남은 음식입니다."라고 말한 뒤에 다른 사람에게 주거나 벌레가 살지 않는 곳에 버리면 됩니다.

한국불교에서는 음식을 남기면 큰일이라도 나는 듯, 간혹 약간 상한 음식까지도 억지로 먹는 경우가 있습니다. 지금이야 덜하지만, 제가 막 출가했을 시절만 해도 하수구에 떨어진 밥알도 씻어서 먹었고, 여름에 공양물이 상해도 웬만하면 버리지 않고 억지로 먹어 배탈이 나곤 했습니다. 정말 그게 너무 싫어서 중노릇을 그만둘까 생각한 적이 있을 정도로 싫었던 기억이 납니다.

그러나 음식을 먹을 만큼만 덜어서 알맞게 먹는 것은 한국불교가 세상에 던진 메시지 중에서도 아주 훌륭한 가르침이라고 생각합니다. 그러기 위해선 우선 자신의 양을 스스로 잘 알아야만 하겠죠. 조금씩 덜어서 먹고, 부족하면 더 먹으면 된다는 생각을 항상 염두에 두고 있으라는 말이니까요. 자신을 잘 살필 줄 모르는 사람은 늘 먹는 것에서부터 낭패를 보게 되기 마련입니다.

물론 우리나라는 덜어 먹는 음식 문화가 아니라, 한 그릇에 담고 여럿이 숟가락을 넣고 먹는 문화입니다. 그러니까 가족이 아닌 이상, 남은 음식을 다시 보관했다가 먹기에는 조금 불편한 상황이 되는 것이죠. 그래서인지 다른 나라에 비해 특히 우리나라는 음식물 쓰레기로 버려지는 양이 어마어마합니다. 전국적으로 연간 배출되는 음식물 쓰레기의 양이 무려 500만 톤에 육박한다고 하니까요. 하루에 1만 3천 톤 정도의 음식물 쓰레기가 배출된다고 하니, 경제적 손실만 생각해도 연간 20조 원이 넘는다는 보도가 있습니다.

적당한 양을 알고, 알맞게 먹어서, 남기지 않는 것! 이것이 지금의 우리에게 가장 필요한 음식 문화가 아닐까 싶습니다.

특히 적게 먹고 몸을 가볍게 만드는 것은 삶의 지혜입니다. 몸이 뻣뻣한 것은 관절에 불순물이 쌓였기 때문이고, 그렇게 불순물에 쌓인 채로 살면 음식으로 섭취한 에너지의 35퍼센트밖에 활용하지 못한다고 해요. 가볍게 먹고 유연하게 살아가는 것이 중요합니다.

스님의 라이프 스타일

스님들의 밥그릇, 발우

스님들은 식사하는 것을 '밥 먹는다'고 하지 않고 '공양한다'고 말합니다. 걸식을 돌아 공양받은 음식을 먹기 때문에 그렇게 말하죠. 스님들의 공식 밥그릇은 '발우'입니다. 이 발우에 밥을 담아 먹기 때문에 스님들의 식사를 '발우공양'이라고 합니다. 사실 발우를 든다는 것은 엄청 무거운 의미를 담고 있습니다. 스님들에게 있어 발우는 '수행하는 사람'이라는 표현이랍니다.

발우의 유래는 원래 이렇습니다.

깨달음을 이룬 뒤, 부처님은 선정의 기쁨에 들어 있었습니다. 부처님이 라자야따나 나무 아래서 삼매를 즐기고 있을 때의 일인데요. 그때 마침 그곳을 지나가던 따뿟사(Tapussa)와 발리카(Bhallika)라는 두 명의 상인이 부처님을 보고 공양을 올리고 싶어 했습니다. 그런데 이때 부처님에게는 공양을 받을 만한 그 어떤 도구, 말하자면 발우 같은 것이 전혀 없었어요.

마침 이 모습을 내려다보고 있던 사천왕이 천계에서 석(石)발우를 가져와서 부처님께 바쳤고, 부처님은 이 발우로 상인들의 공양을 받았다고 합니다. 두 명의 상인은 부처님이 식사를 끝내자 불교의 재가신도로 귀의한 후 그곳을 떠났습니다.

부처님 당시 불교 외 다른 종교의 출가자들 역시 대부분 걸식을 통해 생계를 해결했지만, 부처님은 다른 외도들처럼 손으로 음식을 받아먹는 행위를 못하게 했습니다. 이는 걸식이라는 행위가 단지 음식을 구걸하는 것이 아닌, 재가자가 제공하는 음식을 먹고 수행하고, 또 그 보답으로 재가자에게 부처님의 가르침을 전하며 삶의 방향성을 제시해 주는 상호 교환적 의미를 상징하는 행동이기 때문입니다. 즉, 불교 교단에 있어 발우란 걸식 생활의 상징이자, 출가자와 재가자의 관계를 정립해 주는 매개체인 것이죠.

그런데 원래 인도 스님들이 지니던 발우는 오늘날 우리가 사용하는 나무가 아니라, 흙으로 구워 만든 토기 종류였다고 합니다. 부처님이 손바백토(孫婆白土)라는 마을에 계실 때, 비구들의 간청으로 기와 발우를 쓰도록 했는데요. 어느 날, 부처님께서 5일마다 한 번씩 비구들의 방을 둘러보다가 손을 떨고 있는 비구를 보게 되었습니다. 부처님이 비구에게 괜찮은지 묻자, 비구는 자신의 손이 떨려서 발우를 떨어뜨려 깨져버렸다고 말씀드립니다. 그로 인해 부처님은 비구들의 철 발우 사용을 허락하셨다고 해요. 이때만 해도 여전히 나무로 만든 발우는 금지였습니다.

이러한 발우는 스님들 각자가 딱 한 벌씩만 가지고 있어야 합니다. 혹 쓰다가 발우가 약간 깨지거나 해서 손상이 간 경우에는 고쳐서 사용하도록 했습니다. 이렇게 고치는 횟수는 다섯 번까지라고 합니다. 즉, 고친 자국이 적어도 다섯 군데는 남아 있어야 되는 거죠. 그렇게 고쳐서 사용하다가 도저히 쓸 수 없을 때가 되면 새 발우를 받도록 합니다. 새 발우

스님의 라이프 스타일

는 신도의 공양이어도 좋고, 다른 이가 쓰던 것 중에 좋은 것을 받아써도 됩니다.

하지만 제대로 고쳐 쓰지도 않고서 새 발우를 구하려고 하면 문제가 됩니다. 결론부터 얘기하자면, 새 발우를 원했던 스님은 가장 낡은 발우를 쓰게 됩니다. 승가의 규정이 그러하기 때문입니다. 발우를 바꾸는 데에는 정해진 의식이 있는데요. 승가의 모든 스님이 각자 자신의 발우를 들고 나와 법랍대로 돌리는 의식입니다.

우선 새 발우는 법랍이 가장 높은 스님께 갑니다. 법랍이 높은 스님이 그 발우를 쓰고자 하면 새 발우를 받고, 쓰던 발우는 다음으로 법랍이 높은 스님에게 주면 됩니다. 만약 바꾸고 싶지 않으면 거절하면 그뿐입니다. 그러면 남은 발우는 두 번째로 법랍이 높은 스님께 갑니다. 그러면 자기 앞으로 돌아온 발우와 원래 들고 있던 발우를 교환할 것인지 선택합니다.

이러한 방식으로 '발우 교환권'이 법랍 순서대로 돌아오게 되는 것이죠. 그리고 새 발우를 원하는 스님의 순서는 가장 마지막입니다. 그렇게 해서 발우 돌리는 의식의 마지막 순서가 되면 가장 안 좋은 발우가 처음에 새 발우를 원했던 스님에게 돌아가게 됩니다. 발우조차도 절대로 탐내는 마음을 내지 말라는 의미겠죠.

발우를 사용할 때에는 발우만 있어서 되는 것이 아닙니다. 여러 가지 소도구들이 필요한데요. 지금은 발우를 묶는 발건, 발우를 펼쳐놓는 작은 깔판, 수저와 젓가락, 그것들을 담는 수저집, 헌식할 때 쓰는 꼬마 수저, 발우를 닦는 수건 등이 필요합니다.

인도 당시에는 발우 밑을 보호하기 위한 깔판, 발우를 두는 대, 발우를 엎어놓을 때 쓰는 풀로 만든 매트, 발우를 묶어 넣어두는 대나무 그릇, 발우를 가지고 다닐 때 사용하는 발우 주머니, 주머니에 넣은 발우를 어깨에 걸 때 쓰는 끈 등이 있었다고 합니다. 이러한 소도구들을 이용하여 발우를 싸고 묶어서 보관합니다.

따뿟사와 발리카의 공양

- 사천왕이 천계로부터 석발우를 가져와 공양
- 두 상인은 불교의 최초 재가신도로 귀의함
- '승가(僧)'가 성립되기 전이었기에 부처님(佛)과 가르침(法)에만 귀의 : 이귀의(二歸依)

발우

출가자가 지니는 발우는 철이나 흙으로 구워 만든 것으로 한정되어 있으며, 개수는 하나로 제한되어 있다(나무 발우는 금지). 구멍이 났거나 파열된 곳이 있어도 바로 버려서는 안 된다. 다섯 번까지는 고쳐서 다시 사용해야만 한다.

스님의 라이프 스타일

복발갈마

발우는 음식을 받아먹는 기능 이외에도 승가에서 중요한 의사 결정을 할 때 의사 표현의 수단으로 사용할 때도 있습니다. 이 가운데 발우를 엎는 '복발갈마'라는 것이 있는데요. 이 복발갈마는 주로 스님을 비방한 재가신도를 대상으로, 승가의 스님들이 모여서 어떻게 할지 결정하기 위해 행해지는 경우가 많습니다. 다시 말해서, 재가신도가 승가에 큰 잘못을 저질렀을 때 승가는 발우를 엎어버리는 의사 표현을 통해 더 이상 그 신도로부터 공양을 받지 않겠다고 결정하는 것이죠.

재가신도의 잘못이란, 사실이 아닌 것을 사실인 것처럼 하여 스님에게 죄를 씌워 비방하거나, 다른 신도가 스님에게 보시 드리는 것을 방해했을 경우, 스님들이 사는 곳을 잃게 만들거나 불·법·승 삼보를 비방한 경우 등입니다. 이런 일이 발생했을 때 승가는 회의를 열고 사실을 확인한 후에 복발갈마를 행하는 것이지요.

복발갈마를 결정하게 만드는 신도의 행위는 모두 여덟 가지입니다.

1. 출가자들이 보시를 얻지 못하도록 하는 것
2. 출가자가 불이익을 당하도록 하는 것
3. 출가자가 머물 곳을 얻지 못하도록 하는 것
4. 출가자를 비방하는 것

5. 출가자 사이를 서로 이간하는 것

6. 부처님을 비방하는 것

7. 부처님의 가르침을 비방하는 것

8. 승가를 비방하는 것

승가는 스님들 잘못만 판단하는 것이 아니라, 더러는 이렇게 재가자의 잘못도 회의에 붙여 그들이 공덕을 쌓을 통로를 차단하기도 했습니다. 여기에는 그렇게 해서라도 수행자를 보호하고자 하는 의도가 있었던 것 같습니다.

스님의 라이프 스타일

6

출가자의
주거 스타일

그것으로써 추위와 더위,
맹수뿐만 아니라,
뱀과 모기 그리고
서늘한 비를 막아낸다네.
그 두려운 열풍이
일어나도 물리칠 수 있으니,
수호와 안락 속에서
선정과 통찰을 위한 것이네.

주거 생활 원칙과 정사

출가자의 주거 생활은 수하좌(樹下坐)가 기본 원칙입니다. 즉, 스님들은 기본적으로 숲에 살았다는 얘기겠죠. 숲에서 지낸 대표적인 인물이 바로 마하깟사빠 존자입니다. 그는 부처님 제자 가운데 가장 어른이었는데도 의식주에 대한 탐착을 버리고 숲에서 지냈습니다.

불교 초기에는 그렇게 모든 스님이 숲이나 골짜기, 무덤가, 노천이나 짚더미 위에서 지내면서 어려운 생활을 이어갔던 것 같습니다. 불교가 세상에 전파되기 시작했을 당시의 상황이 대부분 이런 모습이었습니다. 스님들은 큰 나무 아래에서 노숙을 하고 탁발을 하면서 주린 배를 채웠습니다. 그런 고된 여건 속에서도 부처님의 가르침대로 수행에 힘쓰고, 기회가 닿는 대로 부처님의 가르침을 사람들에게 전했습니다. 그러다가 점차 부처님의 명성이 널리 퍼지고, 고된 삶을 살아가는 스님들에 대한 존경심도 커지면서 머물 곳을 기부하겠다는 재력가들이 나타나게 된 것이죠.

『율장 소품』에 보면, 라자가하의 한 부호가 찾아와 스님들에게 정사를 지어주면 와서 살겠느냐고 묻는 대목이 나옵니다. 아마도 이것이 정주 생활의 시작이었나 봅니다. 어떻게 할지 판단이 서지 않은 출가자들이 부처님께 이 사실을 말씀드렸는데요. 이에 부처님은 다섯 종류의 방사(坊舍), 즉 정사(vihāra), 평부옥(aḍḍhayoga, 정자 모양 건물), 전루(pāsāda, 높은 누각), 누옥(hammiya, 고급 누각), 동굴(guhā)을 허용하셨습니다. 성실하게 살아가는 출가자를 위해 세상 사람들이 제공해준 스님들의 거처인 셈이죠. 부처님은 감사의 마음을 담아 라자가하의 부호를 위해 게송을 읊으셨습니다.

> 그것으로써 추위와 더위, 맹수뿐만 아니라,
> 뱀과 모기 그리고 서늘한 비를 막아낸다네.
> 그 두려운 열풍이 일어나도 물리칠 수 있으니,
> 수호와 안락 속에서 선정과 통찰을 위한 것이네.
> 참모임에 정사를 보시하면, 최상의 보시라고
> 부처도 칭찬하니 실로 자신의 이익을 바라는 현자로다.
> 기쁘게 정사를 지으면 많이 배운 자들이 그 안에 살 수 있고,
> 맑고 청정한 마음으로 올바른 그들에게 먹을 것과 마실 것,
> 눕고 앉는 도구를 그가 베풀 테니,
> 그들은 그를 위해 일체의 괴로움을 없애는
> 가르침을 설하고,
> 그는 그 진리를 바로 알아 여기서 번뇌 없이 열반에 들리라.
>
> -『율장 소품』제6장 와좌구 건도, 1 정사 건립의 인연

이렇게 시작된 승가에의 정사 기부는 계속됩니다. 급고독장자(給孤獨長者)라는 별칭으로 잘 알려진 수닷따 장자가 보시한 제따와나라마(기원정

스님의 라이프 스타일

사)나 빔비사라 왕이 보시한 웰루와나라마(깔란다죽원, 죽림정사) 등이 대표적인 정사로 꼽힙니다. 특히 율장에서는 수닷따 장자가 기부한 제따와나라마가 생기는 과정을 자세하게 기록하고 있습니다. 수닷따 장자는 '아나타삔디까(Anāthapiṇḍika)'라는 별칭으로 더 유명한데요. 이는 '외로운 이를 부양하는 자'라는 뜻입니다. 이를 한자로 옮긴 것이 바로 급고독(給孤獨)입니다. 그렇게 불릴 정도로 실제로 그는 좋은 일을 많이 하는 부호였습니다. 부처님께서는 제따와나라마에서 무려 19번의 안거를 보냈던 것으로 알려져 있습니다.

사람들은 '세존께서 정사를 허용하셨다'고 듣고는 공경하는 마음으로 정사들을 세워 승가에 기부했습니다. 그러나 초기의 정사들은 문이 제대로 갖추어 있지 않았습니다. 그러다보니 뱀도 들어오고, 벌레도 들어오고, 지네도 들어와 스님들을 수시로 놀라게 했습니다. 문이 제대로 달려 있지 않으니, 숲에서 사는 것과 별반 다를 바 없는 그런 생활이었던 것이죠.

이에 부처님은 정사를 제대로 짓기 위한 도구들의 사용을 허용했습니다. 이로써 창문도 만들고 벽도 만들면서 점차 정사도 모양새를 갖추어갔습니다. 그러나 방바닥이 곧 땅바닥인지라 그곳에서 자야 하는 스님들은 쥐와 개미 등의 괴롭힘을 계속 당해야 했습니다. 결국 부처님은 침상도, 등받이 의자도 허락하셨습니다. 높고 넓은 침상을 사용하는 것은 금하되, 위험과 괴로움으로부터 벗어나게 하셨던 것입니다.

그 외에도 직접 스님들이 나서서 필요한 곳에 머물 곳을 마련하기도 했습니다. 그 장소는 주로 마을로부터 멀지도 가깝지도 않은 곳, 다시 말해 걸식하러 가기에 편한 장소이면서도 시끄럽지 않은 한적한 곳이었습니다. 그리하여 승가 구성원들이 건물 안에서 생활하는 것도 허용하고, 나아가 건물 안에서의 공동생활이 보편적인 생활 형태로 간주되기에 이르렀습니다.

특히, 스님들의 주거 공간에 해당하는 '위하라(vihara)'라고 하는 건축물은 지금의 한국불교에서 보면 '요사채'에 가깝다고 볼 수 있습니다. 부처님 당시에는 이 '위하라'에 관한 규정이 정해져 있어 다른 건축물과 가깝지 않게 약간 거리를 두고 세우도록 했습니다. 일반인의 출입이 빈번하고 수행에 방해가 될 정도로 가까운 곳은 안 된다는 이유에서였죠.

사원의 건물 종류

1. 출가자들이 거주하는 정사(vihāra)
2. 지붕을 한쪽으로 경사지게 한 것으로 일반 정사보다 더 좋은 건물(aḍḍhayoga)
3. 높은 기둥과 테라스를 갖춘 고급 누각 건물(pāsāda)
4. 층층이 올라간 호화로운 누각 건물로 정사 중에는 가장 좋은 건물(hammiya)
5. 동굴이나 토굴(guhā)

스님의 라이프 스타일

사찰 인테리어

사찰은 기본적으로 정갈하고 고요하며 여유롭습니다. 휴식도 되고 치유도 되며 수행도 되는 공간이죠. 말하자면 스님들의 몸과 마음을 보호하는 공간이 바로 사찰인 것입니다.

부처님 당시, 스님들이 거주하는 건축물은 벽을 바른 뒤, 돌이나 풀 등으로 지붕을 잇고, 마루나 벽은 흰색이나 검은색, 붉은색 등으로 보기 좋게 칠을 해서 완성했습니다. 지금 같은 벽화는 아니지만, 벽에 꽃이나 새 그림도 그려넣고, 나름대로 장식도 했다고 합니다.

이처럼 스님들이 거주하는 곳에는 개인이 쓰는 독방과 공양을 하거나 법회를 여는 큰방, 마실 물을 보관하던 곳, 불씨를 보관하던 곳, 물품을 보관하는 창고 등의 시설이 있었습니다. 그리고 조용히 포행을 할 수 있는 넓은 뜰이나 회랑, 물을 길어 마실 수 있는 우물, 연꽃이 피어 있는 연못, 필요에 따른 가건물, 화장실, 목욕탕, 식료품 저장고 등이 있어 출가 수행자들의 대중생활을 위한 공간이 잘 갖추어져 있었던 것으로 보입니다.

굉장히 많은 공간이 있어 보이지만, 그렇다고 해서 방마다 많은 물건들이 들어차 있지는 않습니다. 꼭 필요한 물건만을 둔, 여백 있는 주거 공간이 바로 승가니까요.

이 모두는 어느 누구의 개인 소유가 아니며, 그곳에 머물다 갈 모든 스님들이 뜻을 모아 만든 공공물입니다. 거주처만이 아니라 대중이 사용하는 가구들도 모두 공동 재산이기 때문에, 사용하는 이 모두가 조심스럽게 다루어야 할 의무가 있었습니다.

스님들의 정사는 비구 스님에게만 허용되는 것은 아니었습니다. 비구니 스님들도 변화가나 마을에 자신들이 머물 곳을 가질 수 있었는데요. 이 경우 비구 스님들이 머무는 곳과 멀리 떨어져서는 안 되고, 일정한 거리를 유지해야 했습니다. 그렇게 해야만 보호를 받아 안전할 수 있었던가 봅니다.

비구든 비구니든 승가는 본래 공동체 생활을 위해 절을 지었습니다. 스님들은 사찰의 건축 및 관리를 위해 필요한 만큼의 재정 상태를 유지하려 했고, 그것은 곧 재가신도의 존경심만큼이나 많은 기부를 받아야 한다는 부담감이 생기는 일이기도 했습니다. 그러니까 어떻게 보면 크고 좋은 사찰에는 신도들의 존경을 많이 받는 스님이 머문다는 결론을 도출하기도 합니다. 역사적으로도 사원 건축이 얼마나 화려했는지가 당시 불교의 성쇠를 판단하는 기준이 되었던 것이 사실입니다.

그러나 사원이 훌륭하게 건축되었다는 것이 반드시 불교가 융성하였음을 의미하는 것은 아닙니다. 사원 건축의 화려함을 불교 번영의 기준이라고 생각한다면 오산입니다. 불교의 번영은 꼭 건물로만 판단할 수는 없으니까요. 스님과 불자 한 사람, 한 사람의 행위가 더 중요하기 때문입

니다. 다만 사찰이 왠지 생활하기 불편한 듯하고 스님들이 수행하는 데에
도 쾌적하지 않은 환경이라고 생각한다면, 그런 도량이야말로 스님과 불
자가 힘을 모아 서로에게 편안한 공간으로 만들면 되겠습니다.

사원의 내부 설비

- 자재 보관 창고(koṭṭhaka)
- 대중이 사용하는 큰방(upaṭṭhānasālā)
- 물 마시는 곳(pānīyasālā)
- 불씨를 보관해 두는 방(aggisālā)
- 경행을 위한 시설. 회랑이나 광장(caṅkama)
- 승단 내 각처에 만들어져 있는 우물(udapāna)
- 목욕용 찜질 가마(jantāghara)
- 목욕하기 위한 연못. 노천탕(candanikā)
- 관상용 정원의 연못(pokkharaṇī)
- 가건물(maṇḍapa)
- 화장실(vaccakuṭī)
- 편법으로 만들 수 있는 음식물 보관 및 조리 시설(kappiyakuṭī)

떨어져 사는 아란야

이렇게 대중들과 어울려 정사에 사는 스님들이 있는 반면, 약간 외진 곳에 거처를 마련해두고 수행에 몰두하는 스님들도 있었습니다. 지금도 동남아시아의 불교 국가에 가보면 동굴 속에서 생활하는 스님들이 있는데, 전기도 없는 캄캄한 동굴 안에 종종 뱀이 출몰해서 함께 있어도 모르는 경우도 있다고 합니다.

동남아시아까지 갈 것도 없습니다. 우리나라에서도 산속 깊은 암자에서 지내다보면 온갖 짐승을 다 대면하게 됩니다. 제가 아는 어느 스님은 새벽에 예불을 드리려고 깨보니 머리맡에 독사가 또아리를 틀고 있더랍니다. 정말 상상조차 하기 싫은 풍경이죠. 이렇게 숲속 외딴 곳에 있는 수행처를 '아란야(阿蘭若, araṇya)'라고 합니다.

율장에 보면, 부처님 당시에도 스님들이 꽤 좋은 토굴을 만들고 싶어 했던 모양입니다. 깟사빠 존자가 부처님과 나눈 대화에 이런 내용이 있습니다.

> 대덕이시여, 여러 비구들이 시주자들을 괴롭히면서 자주 승방과 요사를 크게 지어 달라고 요구하고, 이것을 짓고 나서도 혹 길다거나 짧다고 흠을 잡아 투덜대거나 넓다거나 좁다고 흠을 잡으니 이 일을 어찌하면 좋을지 모르겠습니다.

　　　　　　　　　　　　　스님의 라이프 스타일

이 사연을 듣고 부처님께서는 비구가 승방을 지을 때는 청정한 땅을 본 다음 대중의 허락을 얻어 지어야 하며, 승방의 길이는 손을 벌린 길이의 12배, 너비는 7.5배로 하라고 말씀하셨습니다. 그리하여 승방을 짓고자 하는 스님은 대중에게 허락을 구하고 승인을 받아 승방을 짓게 되었습니다.

> 대덕 스님들은 들으십시오. 저 비구 아무개는 어떤 곳을 살펴
> 보니 청정하고 모든 방해와 재난이 없는 곳이어서 작은 승방
> 을 짓고자 합니다. 대덕 스님들은 제가 작은 승방 짓는 것을
> 승인해 주십시오. 저를 애처롭고 가엾게 여겨 주십시오.
> – 한글대장경 『근본설일체유부비나야약사』

이렇게 세 번 말한 다음에 믿을 만한 2~3명의 스님을 시키거나 승가 대중이 함께 가서 그 땅을 살펴보고, 수행에 방해가 되거나 재난이 없을 청정한 땅이라면 불사(佛事)하는 것을 승인해주었습니다.

그러나 아란야라고 해서 다 첩첩산중에 있는 것은 아닙니다. 스님들은 탁발을 해야 하기 때문입니다. 아무리 외딴 곳에 떨어져 있는 아란야라 하더라도 탁발할 수 있는 정도의 거리여야지, 오가는 데 며칠씩 걸릴 만큼 멀리 있을 수는 없었습니다.

번화가나 마을로부터 떨어져 있는 아란야에 살면 고요하게 지낼 수

있겠지만, 걸식하러 가기도 불편하고 산적이나 산짐승의 공격을 받을
수도 있다는 단점이 있습니다.

더욱이 비구니의 경우에는 위험성이 높아 아란야에 사는 것이 금지
되었습니다. 사실 비구니들도 아란야에 살고 싶어 했습니다. 그런데 율
장「비구니 건도」에 보면, 아란야에 살던 비구니 몇 명이 나쁜 일을 당한
일이 있었습니다. 그 일 이후로 비구니들이 아란야에서 생활하는 것은
금지되었다고 합니다.

출가자라면 누구나 아란야처럼 한적한 곳에 살고 싶어 합니다. 누군
가 '난 번화가가 좋다'고 말한다면, 그것은 화려함 때문이 아니라 어디까
지나 생활의 편리함 때문일 것입니다. 억불 정책을 썼던 조선 시대를 거
치면서 지금의 한국 사찰은 본의 아니게 아란야의 모습을 가지게 되었
습니다. 도피할 목적으로 출가한 것은 아니지만, 대개의 사찰이 산속에
있다보니 자연스레 은둔의 삶을 살게 된 것이죠.

어쨌든 이렇게 작은 아란야에 세우는 작은 토굴을 '꾸띠(kuti)'라고
부르는데, 율장에서는 이것을 만들 때에도 절차를 지키도록 했습니다.
우선 토굴을 만드는 취지를 승가에 제의하여 지을 곳의 실태를 검증받
아야 합니다. 허가가 난 후에만 그곳에 건물을 지을 수 있으니까요. 건물
의 크기 또한 엄격하게 제한되었습니다. 혼자 생활하는 스님이라 할지
라도 공동체에서 이탈하는 것이 아니라 승가의 일원이라는 입장을 분명
히 한 것이죠.

스님의 라이프 스타일

스님 개인이 아란야를 짓는 경우에는 이렇게 엄격한 규정이 있었던 반면, 신도가 특정 스님을 위해 지어주는 경우에는 특별한 제한도, 규정도 없었습니다. 모든 것은 신도가 희망하는 대로, 알아서 결정하도록 했습니다.

그런데 아란야에 홀로 살다보면 더러 문제가 생기기도 합니다. 율장 승잔법 제2조에 이런 얘기가 나옵니다. 부처님과 같은 날에 태어나 태자 시절 친구였으며, 사꺄족의 사신이 되어 부처님을 고향으로 맞이했던 우다이(Udāyi, 優陀夷)라고 하는 비구가 있었습니다. 빨리율에 의하면, 그는 개인 소유의 토굴을 멋지게 지어놓은 아란야에 살고 있었는데, 평판이 좋아 사람들이 많이 찾아왔습니다. 그러던 어느 날, 한 브라만 부부가 찾아왔는데, 우다이 비구는 친절하게 그들에게 정사의 이곳저곳을 안내해 주었습니다.

그런데 부인이 너무 미인이어서, 우다이 비구는 안내하던 도중 그만 남편 몰래 아내의 몸을 쓰다듬고 말았습니다. 아무것도 모르는 남편 브라만이 토굴을 다 둘러보고 우다이 비구를 훌륭한 분이라며 찬탄하자, 아내가 발끈하며 "저런 사람이 뭐가 훌륭해요? 당신이 나를 만지는 것처럼, 저 사문 우다이가 내 몸을 더듬었는데!"라고 화가 나서 말했습니다.

당연히 얘기를 들은 남편이 불쾌해하며 우다이 비구를 격렬하게 비난했지요. 그 일이 승가에 전해지고 부처님 귀에까지 들어가자, 부처님은 우다이 비구를 불러 사실관계를 확인한 뒤, 승잔죄를 적용하여 죄를 물었습니다.

이처럼 출가자와 재가자 사이의 자유로운 교류는 불교 포교에 있어 꼭 필요한 부분이기도 하지만, 많은 문제점을 야기하기도 했습니다. 승가는 사회와의 우호 관계를 유지해감으로써 불교의 뿌리를 이어가야 하는데, 그런 우호 관계를 지속시키기 위해서는 재가자보다는 출가자에게 더 많은 조건들이 요구된다는 것을 잊지 말아야겠습니다.

스님의 라이프 스타일

자유로운 길 떠나기

스님들은 기본적으로 떠돌이 삶입니다. 초기 승가의 스님들은 더 그랬죠. 그렇기 때문에 제아무리 정사가 지어지고 스님들이 모여 살며 안거를 보냈다 해도 해제하면 다들 길을 떠났습니다. 이것은 비구니도 마찬가지에요.

율장에 보면 '투란난타(偸蘭難陀) 비구니'라는 말썽꾸러기가 있는데, 한번은 방사를 승가에 반환하지 않은 채 며칠간 유행을 떠났습니다. 자기가 쓰던 방을 반환하고 떠나면 돌아와서 다시 방사 배정을 받아야 하는데, 그렇게 되면 좋지 않은 방사를 받을 가능성이 있으니까 그냥 말없이 며칠 떠나버린 거죠.

그런데 그렇게 떠난 사이 화재가 발생하여 방사가 홀랑 타버리고 말았습니다. 유행을 마치고 승가에 돌아온 투란난타는 그 상황을 알고 오히려 남아 있던 다른 비구니를 나무랐습니다. 그러자 다른 비구니 스님들이 나서서 투란난타 비구니를 비난했습니다. 이 사건을 계기로 '어떤 비구니라도 자신이 머물던 곳을 반납하지 않고 유행을 가버리면 죄가 된다'는 계율이 성립되었습니다.

그러나 비구니들은 자기가 살고 있는 지역 안에서만 유행이 가능했습니다. 또한 신변상의 안전 때문에 혼자서는 멀리 다니지를 못했습니다. 가급적이면 둘 이상이 함께 가야 했고, 먼 지방에 가야 할 경우에는 충분히 준비해서 길을 떠나야만 했습니다. 먼 길을 갈 때는 안전하게 상인들과 함께 움직이고, 위험한 곳이나 무서운 곳으로 따로 가서는 안 됩니다. 비구니들이 강도의 습격을 받는 일이 빈번하여 율로써 그렇게 정해버린 겁니다.(「비구니 바일제」 제37, 38조)

아주 오랜 세월이 흘러 지금 저의 경우만 보더라도 비구니라고 해서 혼자서 못 갈 곳은 거의 없습니다. 만행을 떠나는 사람들도 그렇고, 분위기도 예전과 많이 달라졌습니다.

그러고 보니 예전엔 걸망 하나 등에 지고 산천을 유행하다 배가 고프거나 머물 곳이 필요하면 절을 찾아가 객승임을 밝히고 하룻밤 묵기를 청하면 그만이었습니다. 실제로 저도 그렇게 해본 경험이 몇 번 있습니다. 지나는 길에 날이 저물었기에 절에 들어가 하룻밤만 묵게 해달라고 부탁하니 들어주더라고요. 불과 20년쯤 전만 해도 어느 절에서도 객스님을 냉담하게 거절하는 경우는 그다지 많지 않았습니다.

객스님을 맞이하는 소임인 지객 스님은 고단한 수행자에게 잠자리와 먹을 것을 제공해주었고, 떠날 때는 여비까지 챙겨주면서 고독한 수행길을 따뜻하게 격려해 주기까지 했습니다. 객스님은 그저 출가자로서의 도리만 다하고 떠나면 그뿐이었습니다.

그러던 것이 절집 인심도 얼어붙어 요즘에는 쉽사리 방사를 얻을 수가 없게 되었습니다. 그렇다고 객스님을 받아주지 않은 사찰만 탓할 수는 없을 터, 요즘엔 객비를 뜯어내기 위해 사찰에 찾아드는 가짜 스님들

스님의 라이프 스타일

이 워낙 활개를 치다보니 절집 문 칸에도 단호한 빗장이 걸릴 수밖에 없는 게 현실입니다.

따라서 이처럼 객승으로 사찰을 방문하여 방사를 청하게 될 때에는 사찰 측이 불안해하지 않도록 자신의 문중이나 소속을 정확하게 밝히고, 겸손한 태도로 사정을 말하여 잠자리를 구하여야 합니다. 그렇게만 한다면 어느 절에서도 무조건 냉담하게 거절하는 태도는 보이지 않을 거라 생각됩니다.

반대로 사찰 측에서도 하룻밤 묵어가기를 청하는 객승을 대하면서 그 사정조차 제대로 들어보려 하지 않고 그저 구걸하는 스님인 양 무시하는 태도로 쫓아버리려고만 하면 이 또한 바람직한 태도는 아닙니다. 양해를 구하는 쪽뿐만 아니라 배려를 베푸는 쪽에서도 반드시 상대를 존중하는 예의가 필요합니다. 이 역시 쉽지 않은 일이긴 합니다.

남에게 좋은 느낌과 인상을 주려면 먼저 자신의 마음을 잘 다스려야 합니다. 내가 상대를 싫어하거나 무시하면 그 사람도 내게 똑같은 마음을 가지게 되니까요. 소통의 비결은 결국 내 마음을 닦는 것이라 하겠습니다.

걸망에 짐 챙기기

인생이라는 긴 여행을 하는 동안, 우리 인생의 짐 가방은 얼마나 커졌을 까요?

세상 사람들이 여행 떠날 때 짐을 싸듯, 옛 스님들도 먼 길을 떠나려 면 걸망에 짐을 꾸렸습니다. 지금이야 용도에 따라 다양한 가방을 사용 하지만, 제가 출가했을 때만 하더라도 소유물을 천으로 만들어진 걸망 에 넣고 다니지 않으면 큰일 나는 줄 알았거든요.

걸망은 원래 스님들의 공양 그릇인 발우를 담는 주머니에서 비롯되 었습니다. 그러나 율장에 의하면 발우 주머니를 지팡이에 묶어서 어깨 에 걸쳐 메고 돌아다니는 것을 부처님께서 위의에 어긋난다고 하여 금 지시켰다고 합니다. 복장이나 태도 등에 관한 규정(중학법衆學法) 중 95 번째에 해당되는 율이 그것입니다.

그 옛날, 인도 내에서도 많은 변화를 겪게 된 불교는 동서교통로가 열리면서 시작된 대승불교의 확산과 함께 스님들도 장거리 여행을 하는 경우가 발생했습니다. 그러다보니 걸망에 들어가는 물건도 점점 많아지 게 되었습니다. 원래 승가는 가사와 발우만을 비구의 소유물로 인정했 으나, 뒤에 비구육물(比丘六物)을 소지하도록 규정했고, 그것이 다시 열 여덟 가지(비구십팔물比丘十八物)로 제시되었습니다.

비구 육물은 세 종류의 가사(승가리, 울다라승, 안타회)와 발우, 방석(니

사단尼師壇), 물거름 천을 말합니다. 『범망경』에서는 비구십팔물이란 ①
양치할 때 쓰는 가는 나뭇가지(칫솔) ② 손 씻을 때 쓰는 비누 ③ 세 가지
가사 ④ 물병 ⑤ 발우 ⑥ 방석 ⑦ 지팡이 ⑧ 향로 ⑨ 물거름 천 ⑩ 수건 ⑪
머리 깎는 칼 ⑫ 불 붙이는 부싯돌 ⑬ 코털 제거용 칼 ⑭ 간이 의자나 침
상 ⑮ 경전 ⑯ 율장 ⑰ 불상 ⑱ 보살상이라고 말하고 있습니다.

지금처럼 교통수단이 발달한 것도 아닌데, 그 옛날 이 많은 물건을
어떻게 다 지니고 다녔는지 모르겠습니다. 그렇다고 장거리 여행을 하
는 데 딱히 빼놓을 만한 물건도 없으니, 스님들이 이동하면서 안거를 나
는 것도 상당히 무리였을 것 같습니다.

그래도 요즘엔 선방에 방부를 들이고 안거를 가기 전에 짐을 싸서
택배로 보내기 때문에 이런 문제에서 조금은 벗어나 있으니 그나마 다
행입니다. 아무튼 기본은 어떤 것이 필요하고, 어떤 것이 불필요한지 판
단해서 되도록 정리해버리고 적게 소유하는 것이 포인트입니다.

7

출가자가
행해야 하는 각종 의식

대덕 스님들이시여. 만약 제가
죄지은 것을 보았거나 죄지은 것을
들었거나 의심 가는 죄가 있거든 저에게
말씀해주십시오. 가엾이 여겨
자비로운 마음으로 말씀해주십시오.
만약 보거나 듣거나 의심나는 죄가
있으면 법대로 제거하겠습니다.

출가포살과 재가포살

불교도라면 포살(布薩, uposatha)이라고 하는 의식이 중요하다는 것쯤은 대개 다 압니다. 그러나 이 포살이 빔비사라 왕의 권유에 의해 생겼다는 것을 아는 이는 드물 거예요. 그렇습니다. 불교의 포살은 빔비사라 왕이 다른 종교의 의식에 참석했다가 불교에서도 이런 의식을 하면 좋겠다는 생각에서 부처님께 청하여 생긴 것입니다.

우선 포살 날짜는 매달 8·14·15일입니다. 왜 이 날을 선택했냐면, 인도의 날짜 계산법 때문입니다. 인도는 우리와 달리 계절을 크게 여름과 겨울, 우기로 구분하는데요. 그러다보니까 한 계절이 4개월이 되고, 그 4개월은 여덟 번의 보름으로 나뉩니다. 그중에 세 번째와 일곱 번째는 14일로 구성되고, 나머지는 15일로 구성되는데요. 인도 사람들은 초하루나 보름, 반달인 날을 특별히 좋은 날이라고 생각해서 이런 숫자가 나오게 되었다고 합니다.

이렇게 좋은 날, 출가자들은 한데 모여 율장을 암송하고 참회의 기회를 가지며, 재가자들은 부처님께서 설해주신 재계를 맑게 지키며 공양을 올립니다. 일명 '계행의 날'인 것이지요.

출가자들이 모여 암송하는 율장은 승가 구성원 모두가 의무로 지켜야 하는 계율 내용인데, 이는 외부로 유출되어서는 절대 안 되는 것으로 명시되어 있습니다. 출가자들의 포살은 일종의 비밀 모임인 셈이죠. 따라서 포살할 장소에 아무도 들어올 수 없도록 결계를 합니다. 포살할 장소에 먼저 계(界)를 설정하는데요. 계는 총명한 비구가 나와 계로 삼을 영역의 위치를 승가에 알리고 허락받는 과정을 통해 설정됩니다. 계를 설정하고 난 다음, 그 계 영역 안에 모두가 모여 포살할 수 있는 곳을 정합니다.

『율장 대품』 제2장 「포살건도」에 의하면, 포살을 진행하는 과정은 이렇습니다. 먼저 한 장소에 출가자들이 모두 모인 다음 존경받는 어른 스님이 큰 소리로 율을 암송합니다. 모두가 함께 외우는 것이 아닙니다. 한 사람만 대표로 암송을 하지요. 그러면 다른 스님들은 침묵하고 앉아서 고요히 듣습니다. 한 조문, 한 조문 낭송을 들으며 비구들은 그간 자신이 잘못한 사실은 없는지 자신의 행동을 돌아보게 됩니다.

잘못이 있어도 대개 포살일 전에 참회하고, 청정한 상태에서 포살에 참석하는 것을 원칙으로 합니다. 혹여 포살일에 죄를 범했다고 하더라도 다른 비구를 찾아가 자신의 죄를 참회하고 포살에 계속 참석하면 됩니다. 그런데 만약 포살에서 율이 낭송되는 도중에 자신의 죄를 알아차렸다면 우선은 곁에 앉아 있는 비구에게 조용히 말하고 나중에 참회할 것을 약속한 다음, 장로의 암송을 계속 듣고 앉아 있습니다. 그리고 포살이 끝난 뒤에 참회합니다. 이러한 방식으로 출가자의 포살은 진행됩니다.

스님의 라이프 스타일

모두를 위한 포살 법회

「포살건도」에 보면, 각가(Gagga)라고 하는 정신 이상인 스님에 대한 이 야기가 나옵니다. 그는 정신 착란이 심각해서 포살을 기억할 때도 있고, 그렇지 못할 때도 있었습니다. 대중이 모두 참석해야만 포살을 할 수 있 었던 승가 대중은 결국 각가 스님이 참석하거나 하지 않거나 상관없이, 포살을 행하고 갈마를 진행하기로 했습니다. 대중이 다 알 수 있을 만큼 각가 스님의 정신 건강이 좋지 않았던 것이지요. 이렇게 아프다거나 하 는 특별한 경우를 제외하고는 전체 대중이 모두 포살에 참석하는 것을 원칙으로 합니다.

그런데 이렇게 모든 이가 참석하도록 정해진 뒤에도 그에 반하는 일 이 발생하기도 했습니다. 『마하승기율』 제27권에 보면 아누룻다 존자 의 포살 이야기가 나오는데요. 한번은 비구들이 모여 포살을 하는데, 아 누룻다 존자가 참석하지 않았습니다. 그러자 여러 비구들이 심부름꾼을 보내어 아누룻다 존자에게 승가의 대중 포살이 있음을 알렸습니다. 그 러나 아누룻다 존자는 부처님께서 말씀하시기를 '청정한 것이 곧 포살' 이라 하셨으며, 자신은 그만큼 청정하므로 포살에 참석하지 않겠다고 말했습니다.

이 사실을 안 부처님께서 비구들을 시켜 아누룻다 존자를 불러오되 천안(天眼)을 쓰지 않고 오도록 했습니다. 눈이 보이지 않았던 아누룻다 존자는 천안을 쓰지 않고 험한 산길로 오느라 무척이나 고생했다고 합니다. 그런 아누룻다 존자에게 부처님은 "그대가 포살을 공경하지 아니하면 누가 포살을 공경하겠느냐?"라며 나무라셨죠. 그리고 큰 병을 앓는 이가 아니면 모든 승가 대중이 포살에 참석하도록 지시하셨습니다. 눈먼 아누룻다 존자조차도 참석시킬 만큼 부처님은 포살을 매우 중시하셨습니다.

스님의 라이프 스타일

재가자의 포살

그러면 재가자의 포살은 어떠할까요?

부처님은 재가불자들을 위해 여덟 가지 덕목을 말씀해주셨습니다. ① 살생, ② 도둑질, ③ 순결, ④ 거짓말, ⑤ 술, ⑥ 식사, ⑦ 춤과 노래, ⑧ 좋은 침대 사용의 금지에 관한 규정입니다. 재가불자들은 이렇게 서원합니다. 앙굿다라 니까야 제1장에 다음과 같은 서원이 나옵니다.

> 1. 고귀한 님은 목숨이 다하도록 살아 있는 생명을 죽이는 것을 버리고, 살아 있는 생명을 죽이는 것을 삼가고, 몽둥이를 놓아버리고, 칼을 놓아버리고, 부끄러움을 알고, 자비심을 일으키고, 일체의 생명을 이롭게 하고 아낍니다. 저도 오늘 낮 오늘 밤 살아 있는 생명을 죽이는 것을 삼가고, 모든 생명을 죽이는 것을 삼가고, 몽둥이를 놓아버리고, 칼을 놓아버리고, 부끄러움을 알고, 자비심을 일으키고, 일체의 생명을 이롭게 하고 아끼겠습니다. 이러한 성품으로 저는 고귀한 님을 따르며 포살을 지킬 것입니다.
> 2. 고귀한 님은 목숨이 다하도록 주지 않는 것을 빼앗는 것을 버리고, 주지 않는 것을 빼앗는 것을 삼가고, 주는 것만을 취하고, 주어진 것만을 바라고, 도둑질하지 않고, 청정한 마음

을 지닙니다. 저도 바로 오늘 낮 오늘 밤 주지 않는 것을 빼앗는 것을 버리고, 주지 않는 것을 빼앗는 것을 삼가고, 주는 것만을 취하고, 주어진 것만을 바라고, 도둑질하지 않고, 청정한 마음으로 지내겠습니다. 이러한 성품으로 저는 고귀한 님을 따르며 포살을 지킬 것입니다.

3. 고귀한 님은 목숨이 다하도록 순결하지 못한 삶을 버리고, 순결한 삶을 살고, 멀리 여읨의 삶을 살고, 성적 접촉을 삼갑니다. 저도 바로 오늘 낮 오늘 밤 순결하지 못한 삶을 버리고, 순결한 삶을 살고, 멀리 여읨의 삶을 살고, 성적 접촉을 삼가겠습니다. 이러한 성품으로 저는 고귀한 님을 따르며 포살을 지킬 것입니다.

이런 식으로 여덟 개의 덕목이 계속 나옵니다. '오늘 낮 오늘 밤'이라고 하는 표현에서도 알 수 있듯이, 재가자들은 꼬박 하루 동안 자신을 출가자라 생각하고 청정한 생활을 보냅니다. 이렇듯 포살은 재가자의 입장에서 보면 심신을 정결히 할 수 있는 날이었으며, 출가자들의 입장에서 보면 자신의 삶을 점검할 수 있는 중요한 날이었습니다.

스님의 라이프 스타일

한곳에서 수행하는 안거

부처님과 제자들이 아직 한곳에 정착하지 못하고 유행하던 시절에는 안거를 할 만한 시설이 없었습니다. 그래서 출가자들은 여름에도 겨울에도 우기에도 계속 떠돌아다니며 살 수밖에 없었죠. 그때 세상 사람들이 부처님과 제자들을 싸잡아 비난했습니다.

> 어찌 저 석가의 수행자들은 겨울에도 여름에도 우기에도 돌아다니며, 곡식과 풀을 밟고, 식물을 해치고, 작은 생명을 수없이 죽인단 말인가? 저 이교도들은 비록 그 가르침이 악하더라도 안거를 지키려고 준비하고, 저 새들도 나뭇가지 끝에 우리를 짓고 안거를 지키려고 준비하는데, 석가의 아들들은 겨울에도 여름에도 우기에도 돌아다니며, 곡식과 풀을 밟고, 식물을 해치고, 작은 생명을 수없이 죽이는가.
>
> – 『율장 대품』 제3장 「안거건도」

이 말을 들은 부처님은 드디어 결단을 내려서 대중이 안거(安居, vassā)에 들도록 했습니다. 안거란 비가 많이 내리는 3개월 동안 출가자들이 주거를 바꾸지 않고 한곳에 모여 살며 수행하는 것입니다. 우기 동안 한곳에 거주지를 정해 공동생활을 하는 것이죠. 보통 우리나라에서는 음력 4월

16일부터 7월 15일까지를 하안거(夏安居), 음력 10월 16일부터 다음해 1월 15일까지를 동안거(冬安居) 기간으로 정하고 있는데, 안거 중에 허락받지 않고 도량을 나가는 것은 금지입니다.

물론 특별한 경우에는 안거를 중단할 수도 있어요. 코살라 국의 한 지방에서 비구들이 안거를 실행하고 있었는데 그곳에 맹수가 나타나 비구 가운데 일부가 잡아먹히는 일이 생겼다고 합니다. 이 말을 들은 부처님께서는 피치 못한 사정이 생겼을 경우에는 안거를 그만두어도 된다고 말씀하셨습니다.

안거를 그만둘 수 있는 상황은 뱀이나 도둑이 출몰한 경우, 탁발하던 마을에 불이 나거나 홍수가 나서 사람들이 물에 떠내려가거나 마을 사람들이 아예 마을을 버리고 이주해 버려 걸식하기 어려운 경우, 여인을 비롯한 친척이나 왕족, 도박꾼 등의 유혹이 너무 강렬해서 청정한 수행을 닦는 데 장애가 있을 경우 등입니다.

그러나 정말 큰 장애가 아닌 이상, 한곳에 머물러 정진하는 것을 안거의 원칙으로 삼았습니다. 허가 없이 도중에 나가는 것은 허용되지 않았지요. 다만 7일 이내에 해결할 수 있는 일이라면 잠시 다녀와도 됩니다. 『율장 대품』 제3장 「안거의 다발」에 이런 얘기가 있습니다.

우데나(Udena)라는 신도가 승가를 위해 정사를 한 채 지어놓고 "보시를 베풀고 가르침을 듣고자 하니 와주십시오. 스님들을 뵙고 싶습니다."라고 청했어요. 하지만 안거 기간이라 스님들은 갈 수가 없었습니다.

대중이 안거가 끝난 후 가겠다고 하자 우데나는 몹시 기분 나빠했고, 이를 전해 들은 부처님은 7일 안에 처리할 수 있는 일이라면 가도 좋다고 허락하게 되었습니다.

안거 중 소임

안거 기간 중에는 사찰의 큰 행사를 위해 소임을 정합니다. 소임이란 공동 생활을 하는 승가에서 대중이 수행하는 데 지장이 없도록 각자 맡는 필요한 역할을 말합니다. 공동체의 규모가 크고 작음에 상관없이 모두 다 대중을 위해 소임자로서의 책임과 역할을 다하도록 해야 하는데요. 특히 대중 소임을 맡은 스님은 대중 스님들의 불만이 무엇이며, 부족한 것은 무엇인지 잘 살펴서 스님들의 생활에 불편함이 없도록 항상 신경을 써야 합니다. 이것이 안거 기간 동안 원만하게 수행할 수 있도록 하는 지름길입니다.

오래전 불교 초기에도 아주 세분화된 소임이 있었습니다. 그 일상의 소임들을 살펴보면 굉장히 많은데요. 스님들의 방사 배분 소임, 발우 배분 소임, 비옷 배분 소임, 공양청이 왔을 때 그것을 접수하고 공양청에 응할 스님을 선별하는 소임, 죽 배분 소임, 과일 배분 소임, 생활용품 배분 소임, 옷 배분 소임, 옷의 수납 관리 소임, 창고 지키는 소임, 새로 온 스님을 접대하는 소임, 건축 불사 관리 소임, 사찰 도우미 관리 소임, 사미에게 일 시키는 소임 등등입니다.

1. 스님들이 기거할 방과 이불 등을 나누는 스님(senāsanapaññāpaka)
2. 공양청을 접수받는 스님(bhattuddesaka)

   (재가불자로부터 인원 수에 제한이 있는 공양청을 받았을 경우, 그 공양에

갈 스님을 선택하는 일)

3. 아침에 죽을 나누어주는 스님(yāgubhājaka)

4. 승단에 공양된 과일을 나누어주는 스님(phalabhājaka)

5. 식사를 나누어주는 스님(khajjakabhājaka)

6. 공양 받은 생활용품을 나누어주는 스님(appamattakavissajjaka)

7. 옷 수납하는 스님(cīvarapaṭiggāhaka)

8. 옷을 창고에 보관하며 점검하는 스님(cīvaranidāhaka)

9. 창고를 지키는 스님(bhaṇḍāgārika)

10. 스님에게 개인적으로 들어온 것이 아니라, 승가에 옷 공양
    이 들어왔을 경우, 그 옷을 나누어주는 스님(cīvarabhājaka)

11. 손님 접대 등 일상의 사소한 일을 전반적으로 담당하는
    스님(tantibaddha)

12. 건설 공사를 관리하는 스님(navakammika)

13. 우기 동안에만 각 출가자에게 빌려주는 우욕의를 나누어
    주는 스님(sāṭiyagāhāpaka)

14. 승단에 공양된 새 발우를 나누어주는 스님(pattagāhāpaka)

15. 절에서 일을 해주는 일반인에게 일을 맡기고 시키는 스님
    (ārāmikapesaka)

16. 사미들을 총괄해서 원활하게 일을 집행시키는 스님
    (sāmazerapesaka)

우리나라 선원의 소임

한국의 절에 가면 '용상방(龍象榜)'이라고 해서 큰 방 벽면 위쪽에 각자가 맡은 소임들을 적어놓은 것을 볼 수 있습니다.

한국의 선원에는 우선 가장 어른인 방장(方丈), 조실 스님을 모시고 그 아래로 대중 가운데 우두머리인 수좌(首座)가 있습니다. 수좌란 총림 대중의 가장 윗자리로 총림의 모범이 되어 대중을 이끄는 분이죠. 그 밑에 수행과 인격을 고루 갖추어 대중의 모범이 되는 선덕(禪德)이 있으며, 대중 스님의 수행을 독려하고 지도하는 유나(維那)가 있습니다. 특히 유나는 선원의 규범인 청규를 어긴 이에 대해 징벌할 수 있는 권한을 가지고 있습니다.

이 밖에 선원의 실질적인 내외 일을 다 관장하는 직책으로 선원장(禪院長), 선원 대중의 규율과 기강을 확립하고 수행, 정진을 지도하는 입승(立繩), 이 입승을 도와 대중들의 화합을 도모하고 대중의 규율을 세우는 조력자로서 청중(淸衆)이 있습니다.

대중 스님들의 세세한 소임으로는 사시불공 후 마지 밥을 조금 떠서 헌식하는 것을 담당하는 헌식(獻食), 도량 내의 모든 등(燈)을 관리하고 밝히는 명등(明燈), 예불·불공·천도 등 불전 의식을 집전하는 노전(爐殿)과 병법(秉法), 손님과 객승의 접대를 담당하는 지객(知客), 용상방을 쓰고 대중 소임표와 정진 시간표를 작성하여 대중처소에 붙이고 각 대중

스님의 라이프 스타일

에게 나누어주는 서기(書記), 환자를 돌보는 간병(看病), 선방과 요사의 냉난방을 책임지고 기후에 따라 냉온을 조절하는 화대(火臺), 도량 주위의 산림을 관리 감독하는 산감(山監), 논밭의 경작을 담당하고 그에 필요한 농기구를 관리하는 원두(園頭) 등이 있습니다.

또 아침저녁으로 종을 치는 종두(鍾頭), 옷 손질할 때 필요한 풀을 쑤는 마호(磨湖), 어른 스님을 시봉하는 시자(侍者), 선방을 청소하고 목탁을 쳐서 대중 운집을 알리는 지전(持殿), 대중 목욕 시설을 담당하는 욕두(浴頭), 수각의 물 공급과 청소를 담당하는 수두(水頭), 화장실 청소 담당인 정통(淨桶)·정두(淨頭) 소임이 있습니다.

그리고 차담을 담당하는 다각(茶角), 부처님 전에 올리는 마지공양과 대중 스님들의 공양을 짓는 공양주(供侚, 飯頭), 반찬 만드는 채공(菜供), 국 끓이는 갱두(羹頭), 전 부치는 자색(煮色), 떡 만드는 조병(造餠), 상차림을 담당하는 간상(看床), 후원 살림살이를 관장하고 후원 대중을 관리 감독하는 원주(院主)와 별좌(別座)도 선원의 소임에 해당됩니다.

이 밖에도 큰 소임으로 대중의 불사를 관리하는 도감(都監)과 사찰의 행정과 재산권을 대표하는 법적 지위를 갖는 주지(住持)가 있습니다.

이렇듯 우리나라 선원에는 사찰 나름의 규범과 맡은 바 소임이 많이 있습니다. 이런 소임들이 있기에 사찰이 원만하게 운영되는 것입니다.

자자, 저의 잘못을 지적해주세요

출가자는 욕망과 계율이 빈번하게 충돌하는 삶을 삽니다. 계율의 보호 아래 살아가긴 하지만, 욕망을 억압하면서 계율을 지켜가는 것이 참기 힘들 만큼 어렵고 힘들 때도 있습니다. 욕망을 표출하는 게 자유롭지 않다보니, 고매한 이상으로부터 도망칠 때도 많이 있답니다. 그러다보니 남에게 직접 피해를 주는 것은 아니지만, 자신과의 약속이나 승가와의 약속을 어기는 사건 사고가 발생하게 되는 것이지요.

살다보면 누군가를 대상으로 심각하게 자신의 내면을 고백해야 할 때가 있습니다. 그러나 그것이 어떤 종류의 고백이든 남에게 고백하기란 어려운 일입니다. 다른 이에게 나의 내면에 담긴 생각을 진술하게 드러내는 것, 나에게 벌어진 일을 있는 그대로 말하는 것, 그것은 때로 자신의 인생을 걸 만큼 버거운 일이 되기도 합니다. 하지만 그런 부담감을 안고 있음에도 불구하고, 고백을 해야 할 때가 있습니다. 제때에 솔직히 고백하지 못하면 오히려 더 큰 문제가 발생될 수 있거든요.

종교인들은 다른 이들의 고백을 많이 듣습니다. 설령 그 고백이 차마 입에 담을 수 없을 만큼 안타까운 실수라 하더라도, 담담하게 들어주어야 합니다. 그런 해결책을 찾기 어려운 일반인들이 토해놓는 여러 가지 고백들로 인해 종교인들이 스트레스를 받는 것도 사실이긴 하지만, 일반인들의 심적 고통을 듣는 것 또한 종교인들이 해야 할 중대한 역할

스님의 라이프 스타일

중 하나임에 틀림없습니다. 그렇기에 듣고 싶지 않다고 회피해선 안 되는 것이죠.

그렇다면 수행자들은 어떨까요? 수행자들은 살아가면서 고백할 일이 없을까요? 그렇지 않습니다. 우리들도 고백하고 싶은 일이 있기 마련이고, 고백할 대상도 필요합니다. 승가에는 자신의 삶을 돌이켜보는 반성의 시간이 마련되어 있습니다. 스스로 알아차리지 못한 경우에는 스님들끼리 서로 지적해주는 경우도 있습니다. '자자(自恣, pavāraṇā)'가 바로 그것입니다. 단, 반드시 5인 이상이 모여야만 자자를 할 수 있습니다. 그 형식은 이렇습니다.

3개월간의 안거가 끝나고 나면 스님들이 한자리에 모여 앉아 안거 기간 동안 있었던 자신의 허물을 뉘우칩니다. 그런 다음, 각자 안거 기간 중에 자신에게 무슨 허물이 있었는지 도반 스님들에게 묻지요. 자발적으로 일어나 대중 스님들 앞에 나아가 합장을 하고, 안거 기간 동안 자기의 언행에 무슨 잘못이 있었는지 지적해 달라고 청하는 것입니다. 『대사문백일갈마법』 「갈마할 때 승가를 위해 자자를 지을 수 있는 사람」 편에 보면 다음과 같은 기록이 있습니다.

> 대덕 스님들은 한마음이 되어 저를 걱정해 주십시오. 오늘은 승가의 자자일입니다. 저는 스님들께 자자를 합니다. 대덕 스님들이시여. 만약 제가 죄지은 것을 보았거나 죄지은 것을 들

었거나 의심 가는 죄가 있거든 저에게 말씀해주십시오. 가엾
이 여겨 자비로운 마음으로 말씀해주십시오. 만약 보거나 듣
거나 의심나는 죄가 있으면 법대로 제거하겠습니다.

이때 도반 스님들은 지적할 것이 있으면 지적하고, 죄가 없으면 가만히
있으면 됩니다. 함께 안거를 난 도반이 자신이 저지른 잘못을 모르고 있
는 경우에는 그 허물을 지적해주는 것이죠. 이는 서로 간에 허물을 지적
하고 스스로 참회함으로써 승가 본연의 청정함을 유지하기 위함입니다.

그런데 절친한 친구가 나를 위한답시고 나의 허물들을 쭉 나열하면 과
연 나는 그것을 기꺼이 수용할 수 있을까요? 아마 쉽지는 않을 것 같습니다.

반대로 친구를 위해, 도반을 위해 그저 간절한 마음으로 그들의 잘
잘못을 지적하며 "다 너를 위해서 하는 말이야."라고 말한다면, 제 말을
진슬하게 받아주는 벗이 과연 몇이나 있을까요? 고개가 갸우뚱해집니
다. 기쁜 마음으로 자연스럽게 감당할 수 있을 정도로 마음 넓은 스님은
그리 많지 않아 보입니다.

부처님 당시에도 자자로 인해 비구들이 서로 싸우고 논쟁한 일로 인하
여 혐오하고 원한을 품고 있으면서 자자를 행한 적이 있다고 합니다. 이에
부처님께서 대중에게 원한과 혐오심이 멎지 아니한 상태에서는 자자를 하
지 말라고 하셨어요. 이렇게 자자는 미묘한 감정싸움을 유발할 수 있습니다.
그렇기 때문에 중재자가 필요합니다. 대중 스님들의 동의를 얻어 자자를 진

스님의 라이프 스타일

행할 사람을 뽑게 되는데, 승가에서는 그 사람이 반드시 다섯 가지 덕을 갖춘 사람이어야 한다고 말합니다. 첫째, 애착하지 아니하고, 둘째, 성내지 아니하며, 셋째, 두려워하지 아니하고, 넷째, 어리석지 아니하며, 다섯째, 자자와 자자가 아닌 것을 분명하게 구별할 줄 아는 사람이어야 한다는 것이죠.

자자를 진행할 덕 있는 비구가 선출되면, 그는 앞으로 나가서 스님들에게 법랍대로 자리를 정해 앉도록 합니다. 그런 다음 어른 스님들을 향해 무릎을 꿇고 합장한 뒤, 자자 일정과 자기소개, 예를 갖추어 참회의 말을 합니다. 이렇게 일정 양식을 갖추어 순차적으로 의식을 진행하여 자자 일정에 대해 알리면, 정해진 날에 덕 있는 비구에 의해 자자가 진행되는 것입니다.

불교 승가의 오랜 전통인 이 자자는 과연 어떻게 전승되어 온 것인지 놀랍기만 합니다. 상대가 지적한 허물이 혹여 억울하다 싶으면, 모질고 독해지게 마련인데 말입니다. 물론 지금이라면 그 옛날처럼, 조금의 주저함도 없이 상대의 허물을 비판하지는 않을 것입니다. 그렇다고 침묵으로 일관하지도 않을 터. 무엇이 있어 평화의 에너지를 주위에 뿜어내며 자자를 계속할 수 있었던 것인지 참 대단하다 싶습니다.

아마도 '참회'가 있었기 때문에 가능하지 않았을까요? 서로 서로 허물을 지적해주다 보면, 오해와 왜곡이 발생할 수도 있고 거기에 따른 부작용이 생길 텐데, 바로 참회가 있어 화합이 가능했으리라 생각됩니다. 자신에게 초점이 맞추어져 비난을 받았을 때, 그 통증을 겸허하게 받아들여 참회함으로써 출가 수행자는 다시 태어날 수 있기 때문입니다.

자자의 유래

자자는 매우 뜻밖의 사건에서 시작되었습니다.

옛날에 부처님의 가르침대로 안거를 준비하던 스님들이 있었습니다. 스님들은 서로 잘 알고 친한 도반들이어서 함께 안거를 보내기로 했습니다. 그러면서 어떻게 하면 화합하고 서로 싸우지 않고 평안하게 안거를 보낼 것일지 생각했지요. 그때 내린 결론이 바로 '묵언'이었습니다.

> 우리는 결코 서로 말을 걸거나 대화를 하지 맙시다. 먼저 마을에서 탁발해서 돌아온 자가 자리를 마련하고, 발 씻을 물과 발받침과 발 걸레를 준비하고, 개수통(음식찌꺼기 통)을 씻어놓고, 먹을 것과 마실 것을 조달하면 됩니다. …… 이것이 불가능하면 손짓으로 도반을 불러서 손을 움직여서 돕도록 합시다. 결코 그 때문에 말을 해서는 안 됩니다. 이렇게 하면 화합하고, 서로 기뻐하고 싸움 없이 평안하게 안거를 보낼 수 있고, 탁발하는 데 어려움이 없을 것입니다.

실제로 이 스님들은 안거 기간 석 달 동안 서로 말을 걸거나 대화를 하지 않았다고 합니다. 안거가 끝나고 나서야 말을 하기 시작했습니다. 당시에는 안거 후 부처님을 찾아뵈러 가는 것이 관행이었는데, 묵언 수행을

스님의 라이프 스타일

하던 이 스님들도 부처님을 찾아뵙고 인사를 드렸습니다. 부처님께서 그들에게 힘든 점은 없었는지, 어떻게 보냈는지 물었습니다. 그들은 솔직하게 묵언 수행을 하면서 화합하고 평안하게 안거를 보냈다고 대답했습니다. 그러자 부처님께서 대중을 향해 잘못을 지적하며 다음과 같이 말씀하셨습니다.

> 출가자들이여, 이 어리석은 자들은 불편하게 살았으면서도 평안하게 살았다고 하는구나. 출가자들이여, 이 어리석은 자들은 축생처럼 살았으면서도 평안하게 살았다고 하는구나. 출가자들이여, 이 어리석은 자들은 이양(백양)의 삶을 살았으면서도 평안하게 살았다고 하는구나. 비구들아, 이 어리석은 자들은 나태의 삶을 살았으면서도 평안하게 살았다고 하는구나.
>
> 출가자들이여, 어찌하여 이 어리석은 자들은 이교도들이 지키는 묵언의 맹세를 지킬 수가 있단 말인가. 출가자들이여, 그것은 아직 청정한 믿음이 없는 자를 청정한 믿음으로 이끌고, 이미 청정한 믿음이 있는 자를 더욱더 청정한 믿음으로 이끄는 것이 아니다. 출가자들이여, 그것은 오히려 아직 청정한 믿음이 없는 자를 불신으로 이끌고, 이미 청정한 믿음이 있는 자 가운데 어떤 자들을 타락시키는 것이다.

출가자들이여, 이교도가 지키는 묵언의 맹세를 지켜서는
안 된다. 그렇게 하는 자는 악작을 범하는 것이다. 출가자들
이여, 안거를 끝마친 출가 수행자들은 세 가지 경우, 즉 안거
중에 본 것, 들은 것, 의심한 것에 대해 자자를 행해야 한다.
자자를 통해 그대들은 서로 함께 따르며 죄악에서 벗어나
고 계율을 존중할 것이다.

- 『율장 대품』 제3장 「안거건도」

이처럼 스님들은 말로 인해 승가에 불화가 일어날 것을 염려하여 묵언
수행을 하였지만, 그것은 진정한 화합이 아니었던 것입니다. 묵언 수행
을 하며 안거를 보낸 스님들을 꾸짖으며 부처님께서 내놓은 해법이 바
로 '자자'였습니다. 안거가 끝나는 마지막 날에 안거를 함께 보낸 스님들
이 모두 모여 3개월 동안의 규칙 위반을 서로 지적하며 반성하는 모임을
부처님께서 직접 권하셨던 거예요.

　스님들은 자자를 통해 보고 듣고 의심한 것에 대해 서로 이야기하는
기회를 만들고, 서로의 잘못을 지적하며 반성하는 계기로 삼았습니다.
안거가 끝난 후에 자자를 행하여 3개월간의 안거 생활 중에 보고 듣고 의
심한 것에 대해 서로 대화하라는 것이죠. 또 서로의 지적을 감사하게 받
아들여 개선해 나가고자 하는 마음가짐을 가지라는 것입니다.

　서로의 잘못을 얘기해주고 반성하는 기회를 갖도록 하자는 의도가

스님의 라이프 스타일

담긴 것이 자자입니다. 혹시 불협화음이 생길 것을 걱정하여 남의 잘못을 눈감아주거나 묵인하는 것은 큰 잘못입니다. 출가자들이 서로의 행동에 대해 관심을 갖고 더 좋은 방향으로 발전할 수 있도록 상호 노력하는 것이 함께 수행하는 이들의 의리이기도 한 것입니다.

자자
안거가 끝나는 마지막 날에 함께 안거를 지낸 전원이 모여 3개월간의 규칙 위반을 서로 지적해 주는 상호 비판의 모임

승가의 의사 결정

승가는 '자기 생각에 대한 남의 의견을 흔쾌히 받아들이고 남의 생각을 신중히 비판'하는 것을 오랜 전통으로 가지고 있으며, 그 어떤 종교나 철학보다 앞선 민주주의를 실현하고 있었습니다.

앞에서 여러 번 강조했지만, 다시 한 번 짚어 보겠습니다. 율장에는 출가자가 개인적으로 지켜야 할 율(학처學處, sikkhapada)과 대중생활에서 필요한 행사 내용(건도犍度, khandhaka)이 들어 있습니다. 특히 승단 내 대중 행사에는 수계 의식과 안거, 포살, 자자, 그리고 율을 어긴 비구의 처벌 방법 등이 담겨 있습니다. 이것을 '건도'라고 하며, 승가 내의 스님들이 한자리에 모여 의견을 조율하거나 합의를 이끌어내는 것을 '갈마(羯磨, kamma)'라고 부릅니다. 바로 이 갈마가 '자기 생각에 대한 남의 의견을 흔쾌히 받아들이고 남의 생각을 신중히 비판'하는 행위에 해당합니다.

갈마에는 백일갈마(白一羯磨, ñattikamma), 백이갈마(白二羯磨, ñattidutiyakamma), 백사갈마(白四羯磨, ñatticatutthakamma)의 세 종류가 있습니다.

백일갈마는 단순한 보고, 회의의 승인 절차가 필요 없는 갈마입니다. 안건은 다음과 같습니다.

스님의 라이프 스타일

백일갈마의 안건

- 포살할 때 스님에게 죄가 있을 경우
- 하안거를 시작할 때
- 자자를 할 때 대중 가운데서 죄에 대한 논쟁이 일어날 경우
- 자자에서 죄를 결정할 때
- 가차나의(해제 기간에 만들어 입는 옷)에서 벗어나는 경우
- 상대방을 업신여기고 비방할 때
- 죽은 이의 물건을 지니게 될 때
- 죽은 이의 물건을 정리할 때
- 발우를 엎는 복발갈마를 할 때

백이갈마는 안건의 제의에 대해 승인의 가부를 전원에게 한 번 묻고, 반대자가 없으면 가결되는 갈마입니다.

백이갈마의 안건

- 문하에 제자를 둘 때
- 비구니가 문도를 길러낼 때
- 승가를 떠나도 죄가 안 될 때(늙고 병들어 힘이 없을 때)
- 이부자리 나누어줄 사람을 뽑을 때
- 옷을 나누어줄 사람을 뽑을 때

- 기물을 보관하는 사람을 뽑을 때
- 날을 받아 승가 밖으로 나가려고 할 때
- 자자를 행할 사람을 뽑을 때
- 옷감을 처분하여 가치나의를 만들 때
- 가치나의를 만들 사람을 뽑을 때
- 아이와 같은 방에 함께 거주할 때
- 험한 길 가는 사람을 보살펴 줄 때
- 작은 승방 지을 터를 볼 때
- 큰 절 지을 터를 볼 때
- 지팡이를 가져야 할 때
- 비구니를 가르쳐야 할 때
- 비구니가 예경하지 않는 경우를 결정할 때
- 비구니에게 속가 친척집을 오가도 좋다고 승인할 때
- 분쟁을 해결할 사람을 고를 때 등

백사갈마는 승인의 가부를 세 번 반복해 묻고, 그 사이에 한 사람이라도 반대자가 없으면 가결되는 갈마입니다. 백사갈마는 갈마의 형식 중에서도 가장 복잡한 것인데요. 구족계를 주는 수계 의식이나 포살 등과 같은 승가의 주요 행사에 주로 사용되었습니다. 승가는 중요한 안건을 결정할 때, 전원 출석을 의무로 합니다. 즉 백사갈마는 전원 출석에 만장일치

스님의 라이프 스타일

일 때 의결이 승인됩니다.

백사갈마의 안건

- 승가의 영역을 설정할 때
- 승가를 파괴하는 일에 대하여 충고할 때
- 승가 파괴자를 도운 사람에게 충고할 때
- 외도(外道)와 함께 살아야 할 때
- 비구니와 함께 머무는 일을 충고할 때
- 별주의 조치를 내릴 때
- 죄를 범한 비구를 따라다니는 비구니에게 충고할 때
- 대중을 공포에 떨게 하는 사람에게 내리는 벌을 결정할 때
- 승가에서 추방시킬 때
- 구족계를 수계할 때
- 사악한 견해를 버리지 않는 것에 대한 것
- 사미를 추방할 때
- 승가가 화합해야 할 때
- 미친 사람, 어리석은 사람을 위한 갈마 등

하지만 여러 사람이 모여 있는데, 다툼이나 갈등이 없을 수는 없습니다.
율장에 보면 큰소리로 더 따지라며 오히려 싸움을 부추기는 사람도 등장

하고, 심지어 말싸움이 커져서 재판이 불가한 경우까지 발생하는 일도 있습니다. 그런 것을 보면 스님들도 별 수 없는 '사람'이구나 싶습니다.

이런 갈마를 내용상으로 분류하면 '쟁사갈마'와 '비쟁사갈마'로 나눌 수 있습니다. 쟁사갈마는 스님들 간에 다툼이 발생했을 때 시비를 가리기 위해 열리는 갈마이고요. '비쟁사갈마'는 포살이나 자자와 같은 승가의 정기 행사를 말합니다. 스님들에게 직접적으로 문제가 되는 쟁사갈마는 주로 벌을 주는 징벌갈마 위주인데, 그 징벌갈마의 진행은 '멸쟁법'을 근거로 합니다.

율장에서는 갈마가 올바르게 이루어져야 승가 화합이 이루어진다고 말합니다. 올바른 갈마란, 곧 부처님의 법과 율에 근거하여 의결하는 것입니다. 구체적으로는 승가현전(僧伽現前), 법현전(法現前), 율현전(律現前), 인현전(人現前)을 기본으로 하여 갈마를 시행합니다.

승가현전은 현재 내가 살고 있는 승가 내의 모든 스님이 갈마에 참여하는 것을 말합니다. 법현전은 의결 기준이 부처님의 교법에 맞을 것을 전제로 한다는 내용이고요, 율현전은 반드시 율장을 기반으로 해야 하며 해당 율 조항을 명시해야 한다는 것입니다. 인현전은 사건의 주인공인 원고와 피고가 모두 참석한 자리에서 갈마가 이루어져야 한다는 내용입니다. 그래야만 양측의 주장을 충분하게 들을 수 있기 때문이죠. 오해가 없도록 본인들이 직접 참석한 자리에서 갈마를 하는 것이 합당하다는 것입니다.

스님의 라이프 스타일

『마하승기율』제24권에 보면, 다투고 송사가 일어났을 때의 갈마에 대해 나옵니다. 부처님은 다섯 가지를 말씀하시며, 이를 어기는 이에 대해서는 승가 대중이 갈마를 통해 그들을 제어하도록 했습니다. 그 다섯 가지란, '첫째, 스스로 잘난 체하는 사람이요, 둘째, 거칠고 폐단이 많은 흉악한 성품을 가진 사람이요, 셋째, 의미 없는 말을 하는 사람이요, 넷째, 때에 맞지 않는 말을 하는 사람이요, 다섯째, 선한 이를 따르지 않는 사람'입니다.

사실상 승가의 모든 절차와 조건이 가리키는 것은 결국 '승가 화합'입니다. 승가 내부에서 일어나는 모든 갈등과 분열을 갈마를 통해 원만하게 해결하고, 참회와 화해를 통해 승가 화합에 이르도록 하는 것이죠. 따라서 이곳에서 행해지는 의사 결정이야말로 승가를 이끌어가는 원동력이 됩니다.

파승, 그 불편한 진실

불교 승가의 특징은 화합승(和合僧, samagga - samgha)입니다. 그 어떤 경우에도 승가의 화합을 깨는 행위는 용납되지 않거든요. 율장에서는 파승(破僧, samghabheda)이라는 단어를 사용하여, 화합을 깨는 행위를 하는 이들을 엄격하게 관리했습니다. 화합을 깬다는 것은 말 그대로 '승가를 분열'시키는 것을 의미합니다.

> **승잔법 제10조**
> '화합 승가를 깨뜨리기 위하여 대중의 충고를 거역하지 말라.(破僧違諫戒)'

> **승잔법 제11조**
> '화합 승가를 깨뜨리려는 무리를 방조하면서 대중의 충고를 거역하지 말라.(助破僧違諫戒)'

특히 파승에는 "어떠한 비구라 할지라도 화합 승가를 파하려고 기도하거나 분열로 이끄는 사건으로 대항하여 일어선다면"이라고 하는 단서가 붙어 있습니다. 『마하승기율』제7권에는 여러 비구들이 파승을 주도한 이에게 하는 충고가 나옵니다.

스님의 라이프 스타일

그대는 방편으로 화합 승가를 파괴하지 마시오. 승가를 파괴하는 일을 계속하지 마시오. 승가를 파괴하는 일을 받아함께 싸우지 마시오. 장로여, 승가에서 동사섭(同事攝)을 해야 하오. 왜냐하면 승가는 화합하고 기뻐하여 다투지 아니하며, 함께 공부하기를 마치 물과 우유가 섞이듯 하기 때문이오. 부디 함께 법답게 설법하며 밝게 비추어 안온하게 삽시다.

- 『마하승기율』 제7권

이렇게 여러 번 충고해도 그치지 않으면 두 번, 세 번 더 충고하고, 그래도 안 들으면 은밀한 곳에 가서 충고하고, 그래도 안 들으면 대중이 모인 곳에서 충고하여 어떻게든 파승을 막도록 해야 합니다. 충고를 끝내 받아들이지 않는다면, 파승을 주도한 스님과 그에 동조하고 파승에 가담한 스님들 모두 승잔죄가 됩니다. 그러면 그들은 갈마(회의)를 통해 승잔죄에 상응하는 징벌을 받게 되는 것입니다.

징벌은 앞서 말한 대로 쟁사갈마를 통해 이루어집니다. 즉 쟁사갈마는 죄를 지은 비구에게 일정한 벌을 주고 참회하도록 하는 갈마입니다. 죄를 저지르고도 스스로 참회하지 않는 경우에 실행을 하게 됩니다. 벌칙도 여러 가지가 있는데, 예를 들어 승잔죄를 저지른 자에게는 별주(別住, parivāsa)와 마나타(摩那埵, mānatta)를 부과합니다.

'마나타'는 6일 동안 근신하고 참회하는 것으로 승잔죄를 저지른 스님이라면 누구나 해야 합니다. 그런데 만약 자신의 잘못을 알고도 숨겼다면 숨긴 날짜만큼 따로 격리하여 생활하는 '별주'까지 해야 합니다. 죄를 숨기지 않고 곧바로 참회하면 '마나타'만 하면 되는 것이지요.

이렇게 죄를 지어 처벌을 받은 스님이 어떻게 생활하는지를 살펴보면 다음과 같습니다.

일단 별주 처분을 받은 스님은 대중 스님들과 한 지붕 아래서 함께 살아서는 안 되며, 도량에서 벗어나 혼자 살아서도 안 됩니다. 또 죄를 지어 징계를 받은 스님은 더 이상 다른 사람에게 구족계를 줄 수도 없고, 다른 사람의 스승도 될 수 없으며, 제자인 사미를 둘 수도 없고, 비구니에게 법문을 할 수도 없습니다. 즉, 비구로서의 모든 권한과 의무가 다 제한되죠.

또 승가 행사에 대해서나 다른 비구에 대한 발언권이 제한됩니다. 특히 별주와 마나타 기간에는 승가 내 그 누구와도 대화를 나눌 수가 없습니다. 자신의 발언권만 제한되는 것이 아니라, 승가 내 다른 스님들도 죄 지은 스님에게 말을 걸면 안 돼요. 이른바 의도적으로 집단 왕따를 시키는 것입니다. 게다가 법랍이나 지위에 상관없이 최하위 신분으로 떨어져 생활해야 합니다. 법랍을 일체 박탈당하므로 서열은 당연히 꼴찌가 되겠죠. 죄를 짓기 전에 자신이 누렸던 법랍의 조건을 모두 내려놓고, 이제 갓 출가한 스님처럼 오로지 하심(下心)하며 조심스럽게 살아가야만 합니다.

막다른 문제의 해결 방법

그런데, 아무리 벌을 주고 화해를 시키려 해도 해결되지 않는 문제가 발생하는 경우도 있습니다. 그야말로 승단이 쪼개져서 서로 꼴도 못 보는 상황이죠. 서로 파괴하려 하고 파괴당하는 승가의 모습이 장기간 지속될 경우에는 부처님도 어쩌지 못하고 모든 일을 덮어두도록 명하셨습니다. 율장에 '여초부지(如草覆地)'라는 것이 있는데, 이것이 바로 막다른 골목에 다다랐을 때의 해결 방법입니다. 이는 승가의 분쟁 해결 방법인 '칠멸쟁법(七滅諍法)' 가운데 마지막 일곱 번째에 해당되는 사항입니다.

'여초부지'의 사건 해결 방식은 이러합니다. 승가 내에서 사소한 일을 계기로 두 사람이 다투게 되었는데, 처음에는 단순사건이었던 것이 두 사람의 문제로 그치지 않고 점점 더 커져서 편을 나누게 되고, 점점 더 상황이 악화되어 결국 승가는 분열의 소용돌이에 빠지게 되었습니다. 스님들은 승가 화합은커녕 언쟁만 심해졌지요.

이때 승가의 장로들이 나서서 적극적으로 조정을 시도하고, 그것을 양쪽의 대립된 비구들이 겸허히 받아들여 화해하도록 만듭니다. 양측의 견해에 대하여 어느 한쪽이 옳다고 판단하여 다른 한쪽에 죄를 묻는 것이 아니라, 양측 다 잘못이 있으니 서로 사과하고 화해하며, 그간의 논쟁 과정에서 벌어진 죄상은 참회를 통해 덮자는 것입니다. 그대로 뒀다가는 없던 죄도 발생하게 되고 분열만 초래한다고 판단되므로, 서로 참회하고 용서를 구하여 더 이상의 분열이 발생하지 않도록 막자는 의도로 만들어진 법입니다.

『십송율』제20권에서는 참회할 때 이렇게 말하라고 합니다.

> 우리들은 바르게 신심을 내었기에, 부처님 법에 의지해 출가하여 도를 구합니다. 지금 다투기를 좋아하여 서로 언쟁하고 있으나, 만약 우리들이 이 사건의 원인을 물어 자꾸만 추궁한다면, 대중에는 아직 일어나지 않을 일도 곧 일어날 것이요, 이미 일어난 일도 또한 없앨 수가 없을 것입니다. 지금 우리들 스스로가 마땅히 뜻을 굽히나니, 우리가 저지른 죄에서 투란차죄(偸蘭遮罪, 미수죄)를 없애시고 속인에 상응하는 죄를 없애주소서.

양쪽에 이렇게 말하고 용서받으면 '여초부지'의 법은 완성됩니다. '누운 풀이 땅을 덮듯 그렇게 죄를 덮는다'는 의미의 '여초부지'는 그간의 모든 허물을 참회하고 용서를 구함으로써 승가 화합이라는 이름으로 사건의 전말을 말끔하게 덮어버리는 것입니다. 이는 승가의 기능이 마비될 정도로 대립이 심한 경우에 주로 사용됩니다.

조계종의 의사 결정 방법

그렇다면 지금 우리 조계종단에서는 어떠한 형태로 의사 결정이 진행되는지 살펴볼까요?

제일 먼저 중앙종회를 꼽을 수 있습니다. 그 외에도 다양한 의결 기구인 분과위원회가 나누어져 있지만, 종헌종법에 관한 제·개정은 중앙종회에서 이루어집니다. 중앙종회가 어떤 식으로 이루어지는지 살펴보면 대략 이러합니다.

먼저 중앙종회 사무처에서 종회에 상정할 안건을 접수받습니다. 종회에 안건을 상정하려면, 중앙종회의원 5인 이상의 합의가 있어야만 청원이 가능합니다. 다만 총무원과 포교원, 교육원 3원의 원장은 개별적으로 안건을 상정할 수 있습니다. 안건이 상정되면 종회의장은 그 안건들을 각 상임 분과위원회에 넘기고 그곳에서 안건의 적절성을 심의합니다. 안건이 많을 때에는 사전에 종회의장이 조율합니다.

본 회의에서 각 상임 분과위원장이 상정된 안건에 대해 심사한 내용을 보고합니다. 그래서 안건이 채택되면 종회의장이 토론을 유도하여 찬반 토론을 진행하게 됩니다. 이때 의결의 가부를 결정하는 방식으로는 표결에 붙이는 경우도 있고, 무기명으로 비밀 투표에 부치는 경우도 있습니다. 또는 만장일치로 통과시키기 위해 대중 스님들에게 묻는 경우도 있습니다.

만일 대중 가운데 한 사람이라도 반대하는 스님이 있으면 거수로 결정합니다. 표결에 부칠 경우, 특별한 사항이 없으면 의결 정족수는 재적 의원 과반수 출석에 출석 의원 과반수의 찬성으로 이루어집니다. 단, 종법안을 의결할 때는 출석 의원 3분의 2 이상으로 결정되고, 선거에 관해서는 무기명 비밀 투표로 결정합니다.

한편, 상정된 안건이 쉽게 결정되지 않을 때에는 특별위원회를 구성하여 현장 조사를 한 후, 차기 종회 때 다시 논의하여 결정하게 되는 경우도 있습니다. 또한 회의 도중 발언을 할 때에는 종회의장에게 미리 통지하여 허가를 받아야 하며, 의제를 벗어난 발언을 해서도 안 됩니다. 그렇게 해서 종헌종법이 의결되었을 경우에는 삼독회를 거치도록 합니다. 세 번에 걸쳐 꼼꼼하게 살피기 위함입니다. 첫 번째 독회 때는 그 취지를 살피고, 두 번째 독회에서는 문구를 하나하나 따져봅니다. 그리고 마지막 세 번째 독회를 할 때 통과시킬지 여부를 결정하는 것이죠.

이와 같이 중앙종회의 안건 토의 및 의결 과정도 매우 치밀하고 엄정한 절차를 거친다고 할 수 있는데요. 한국불교에 이러한 의사 결정 기구가 있다는 것은 그나마 다행입니다. 더욱이 2,600년 전의 출가자 집단인 승가에 이러한 의사 결정 방법의 원형이 있었다는 사실 또한 놀라울 따름입니다. 지금의 이러한 체계를 완성시킨 것은 서양의 정치가나 철학자였을지 몰라도, 그 원형은 이미 고대 인도의 부처님과 그 제자들이 시행하고 있었던 것으로 보입니다. 어쨌든 지금 현재 전 종도들의 생활

지침은 이 종회에서 결정되는 사안이 대부분입니다. 그렇기에 더 관심을 가지고 지켜볼 일입니다.

8

율장에 나타난
중요한 계율

어리석은 자들이여,
그대들은 적절하지 않고,
자연스럽지 않고, 알맞지 않다.
수행자의 삶이 아니고
부당하며, 해서는 안 될 일을
행한 것이다.

계율 제정의 시작

제아무리 평정심을 유지하며 초연하게 살아가려 해도 살다보면 스스로 제어하기 어려운 뜻밖의 상황이 발생하기 마련입니다. 이것은 부처님 당시에도 예외는 아니어서 자기규율을 깨뜨린 출가자가 더러 있었습니다. 그 가운데 가장 먼저 발생한 사건은 음욕(淫慾)의 문제였습니다.

자세한 내용은『율장 대품』'승단 추방죄법' 제1조에 나옵니다. 부처님이 웨살리의 깔란다까 마을에 계실 때였습니다. 쑤딘나(Sudinna)라는 청년이 볼일이 있어 이곳에 왔다가 마침 부처님의 설법을 듣고 발심하여 출가할 마음을 내었습니다. 그러나 그는 부잣집 외아들이어서 부모님께 출가를 허락받기가 쉽지 않았습니다. 그는 계속 굶으면서 죽거나 출가하거나, 둘 중 하나를 하겠다며 출가 의사를 굽히지 않았죠.

자식 이기는 부모 없다고, 결국 출가를 허락받은 쑤딘나는 부처님께 와서 계를 받고 왓지족 마을 근처의 숲에 살게 되었습니다. 그런데 당시 왓지족 마을은 기근이 들어 탁발하기도 어려웠고, 하는 수 없이 풀뿌리로 생활하며 이삭을 주워 먹고 겨우 연명해야 했습니다.

힘들고 고통스러워진 쑤딘나는 문득 친척들이 많이 사는 웨살리로 가서 살아야겠다는 생각을 했습니다. 곧 웨살리의 숲에 가서 생활하게 되자, 예상대로 친척들 사이에 쑤딘나가 돌아왔다는 소문이 나게 되어 쑤딘나는 많은 공양을 받을 수 있었습니다. 그 공양물을 받아 다른 스님들에게 나누어준 쑤딘나는 다음날 일찍 자신의 속가 집으로 향했습니다. 마침 하녀가 나와 지난 저녁에 먹다 남은 죽을 버리려 하고 있었습니다. 쑤딘나는 그 하녀에게 '버릴 거면 자기 발우에 버려 달라'고 부탁합니다. 초라한 모습을 한 출가자의 발우에 죽을 담아주던 하녀는 그가 바로 출가한 쑤딘나임을 알아보고, 즉시 그의 어머니에게 알려주었습니다.

쑤딘나의 부모는 거지꼴로 돌아온 자식에게 온갖 회유를 하며 속가로 돌아와 편안하게 살기를 권했습니다. 그러나 강철 같은 마음으로 쑤딘나는 모든 청을 거절했습니다. 쑤딘나의 어머니는 쑤딘나의 출가 전 아내를 단장케 하고, 재산을 지킬 수 있게 대를 이을 자식 하나만 만들어 달라고 아들에게 요청했습니다. 당시만 해도 아직 계율이 제정되어 있지 않았을 때였기 때문에, 쑤딘나는 처음엔 그것이 크게 문제가 된다는 생각을 못하고 어머니의 청대로 아내와 함께 잠자리를 하게 되었습니다. 율장에 따르면, 이 일로 인해 많은 신들이 쑤딘나에 의해 승가에 티끌이 생기고 위험이 생겼다고 탄식했다고 합니다.

승가로 돌아와 후회하고 괴로워하던 쑤딘나는 눈에 띄게 수척해졌고, 이를 지켜본 도반 스님들이 걱정이 되어 무슨 일인지 물었습니다. 쑤딘나의 솔직한 고백을 듣게 된 도반들은 그를 비난했고, 부처님께 가서 이 사실을 고했습니다. 욕망의 끝없는 흐름 속에서 벌어진 일이 아니라, 어머니의 청을 거절하기 어려워 인정으로 인해 생긴 일이라 할지라도 부처님의 결정은 단호했습니다. 부처님도 마찬가지로 쑤딘나를 꾸짖고 더 이상 승가에 머물 수 없다는 결정을 내리면서 모두에게 흔들림 없는 수행을 강조하셨습니다. 부처님은 음행(淫行)이 잘못을 저지른 당사자에게 수행의 균형을 깨는 일이 될 뿐만 아니라, 승가 전체의 청정성을 깨는 일이 된다고 인식했던 것입니다. 물론 이는 승가 전체 구성원이 욕망에 사로잡히지 않도록 하기 위해 시행한 경계의 조치였으리라 짐작이 됩니다. 바로 이것이 율장에 나오는 첫 번째 중죄이자 함께 할 수 없는 죄, 승단 추방죄(바라이죄)입니다. 불음계(不淫戒)의 유래이자 승가 계율 제정의 시작인 것입니다.

주지 않은 것을 빼앗음에 대한 계율

출가한 스님들은 걸식, 즉 구걸하는 것은 허용되었지만, 남의 것을 함부로 가지는 것은 절대 용납되지 않습니다. 『율장 대품』'승단 추방죄법' 제2조에 다니야(Dhaniya) 비구의 이야기가 나옵니다. 다니야 비구는 도반 스님들과 함께 이시기리(Isigili)산 기슭에 풀과 나무를 모아 초막(草屋)을 짓고 그곳에서 안거에 들었어요. 3개월이 지나 해제 후, 다른 도반 스님들은 각자 자신이 머물던 초막을 허물고 만행을 떠났지만, 다니야 비구는 그곳에 남아 겨울도 지내고 여름도 지냈습니다. 그곳이 굉장히 맘에 들었던 모양입니다.

그러던 어느 날 다니야 비구가 마을에 걸식을 하러 간 사이, 풀과 나무 등 땔감을 모으던 사람이 빈집인 줄 알고 초막을 부수어 자재를 모두 가져가 버렸습니다. 어쩔 수 없이 다니야 비구는 다시 초막을 지었는데, 며칠 안 돼서 또다시 그런 일이 발생했습니다. 이런 일이 세 번이나 반복되자 출가 전 옹기장이였던 그는 이번엔 초막이 아니라 작은 흙집을 만들기로 마음먹었죠. 그는 진흙을 이겨서 집을 만들고, 풀과 나무와 쇠똥을 모아 흙을 구워 보기 좋게 흙집을 만들었습니다.

그런데 부처님께서는 흙집을 짓기 위해 재료를 굽다가 자애와 연민의 마음 없이 함부로 미생물들을 죽게 했다 하여 비구들을 시켜 다니야의 토굴을 부수게 하셨습니다. 초막은 나무꾼에게 빼앗기고 흙집은 부처

스님의 라이프 스타일

님에게 금지 당한 다니야 비구는 이번에는 나무로 집을 짓기로 했습니다. 그러나 다니야가 있던 중인도 지방은 토지가 건조하고 수목이 적어 목재를 구하기가 힘들었어요. 생각 끝에 그는 나라에서 재난에 대비하여 성을 수리할 목적으로 목재를 보관하던 곳에 가서 관리인에게 "왕에게 허락받았다."고 말하고 왕실 소유의 목재를 가져다 토굴을 지었습니다.

이 사실을 알게 된 빔비사라 왕이 관리인과 다니야 비구를 불러 죄상을 밝혔어요. 다니야 비구는 "왕께서 처음 즉위했을 때, 풀과 나무와 물은 사문과 브라만에게 주어졌으므로 사용할 수 있다고 말씀하시지 않았습니까?"라고 했습니다. 왕도 그 말을 한 사실은 인정하였지만, 그것은 어디까지나 주인이 없는 물건일 경우를 말한 것이었죠. 주지 않은 목재를 훔쳐간 다니야 비구의 죄는 사형에 해당하는 일이었습니다. 다만 왕은 사문을 죽일 수 없다며, 다시는 그러지 말라고 타일러 그를 방면했습니다.

다니야 비구 한 사람의 잘못이었으나, 사람들은 출가자와 승가를 통째로 비난하기 시작했습니다. 세간의 비난이 일자 부처님은 곧바로 승가를 소집하여 다니야 비구의 죄를 확인하고 "어떠한 비구라도 주어지지 않는 물건을 훔치려는 마음을 품고 훔친 비구는 바라이 죄로써 더 이상 승가와 함께 살 수 없다."라고 율로 제정하셨습니다. 사건이 발생한 즉시 자격이 박탈되는 사바라이(四波羅夷) 가운데 두 번째 조항이 바로 이 '도계(盜戒)'입니다.

삼보정재의 관리

예나 지금이나 출가자에게 어떤 문제가 발생하고 나면, 세상 사람들은 어김없이 출가자들의 품성을 거론하며 승가 전체를 비난하고 나섭니다. 개인의 문제를 늘 전체의 것으로 평가하는 경우가 많지요. 한 사람, 한 사람이 고결한 인품과 선량한 마음을 갖추게 되는 속도보다 그 사람이 속한 집단의 시스템이 부패하는 속도가 훨씬 더 빠른 게 아닌가 싶습니다. 그래서인지 부처님은 개인적인 문제가 발생할 때마다 승가 구성원들의 마음 상태를 점검하고, 율이라고 하는 엄격한 규정으로써 승가 시스템을 정비해 나가셨습니다.

지금의 한국불교에서는 사찰 운영을 얼마나 투명하게 할 것인가가 매우 중요한 일로 부각되어 있습니다. 물론 처음부터 사찰을 어떻게 관리, 운영할 것인가를 계획하고 출가한 스님은 없을 것입니다. 대개는 부처님 법에 따라 수행하고 도움이 필요한 이들을 위한 자비의 삶을 찾아 의연히 집을 떠나왔을 테니까요. 그러나 현대 사회의 출가자에게는 수행 못지않게 '삼보정재의 관리'가 아주 중대한 과제가 된 것이 사실입니다.

삼보정재에 해당하는 사찰 건물이나 토지 등은 대개가 사방승가(四方僧伽)의 소유물입니다. 사방승가는 현재 눈앞에 보이는 경계에 따라 정해진 승가 영역인 현전승가(現前僧伽)와 대비되는 개념으로, 세상의 모든 불교 승가를 통틀어서 하나의 승가로 보는 관념적 의미를 가지고 있습니다. 따라서 사방승가는 실제로 어떤 행동을 취하는 승가는 아니지만, 불교에 몸담고 있는 이라면 누구나 항상 염두에 두고 생활해야 할 진정한 소속 집단이라고 보면 됩니다.

공양물이나 큰 시주물이 들어오면, 승가는 사방승가의 소유물(사방승물)과 현전승가의 소유물(현전승물)로 분류하여, 개인적으로 분배해야 할 것과 분배해서는 안 될 것을 구분합니다. 예를 들어, 음식이나 의류 등 개인에게 시주하거나 단기간에 소진될 가능성이 높은 것은 현전승물인 경우가 많습니다.

반면, 토지나 건물, 방사나 의자처럼 오랫동안 사용할 수 있는 것이나 승가 내부에서 공동으로 사용하도록 하는 물건들은 모두 사방승물이 됩니다. 즉, 승가에게 보시한 것의 소유권은 승가에게 귀속되고, 출가자에게 개별적으로 보시한 것은 개인에게 돌아간다고 하는 원칙이 담겨 있습니다. 그래서 시주한 승물의 성격에 따라 어떻게 사용해야 하는지 사용하는 이의 의지나 노력 또한 달라집니다.

『마하승기율』에 의하면, 비구들이 의자와 침구류를 팔아서 사적으로 수용한 것을 금지하는 내용이 나옵니다. 사방승가에 시주한 물건을 마음대로 나눠가져서는 안 되며, 사사로운 청에 의해 얻게 된 물건에 한해서만 개인적으로 소유할 수 있다는 내용을 담고 있습니다. 여기에서 말하는 의자나 이불은 사방승물에 해당되는 것이므로, 스님들이 마음대로 매매를 한다거나 사적으로 소유해서는 안 된다는 규정입니다.

그럼 현실로 돌아와서 지금의 눈으로 찾아볼 수 있는 한국불교의 사방승물에는 어떤 것들이 있을까요? 한국불교는 전국의 수많은 사찰과 그에 딸린 산림과 농지 등의 토지를 보유하고 있습니다. 또 사찰 내에 봉안한 불보살의 성상과 탱화 등의 성보가 있습니다. 이와 같은 사찰, 토지, 성보 및 비품까지가 모두 사방승물에 해당됩니다.

그런데, 사찰이 사방승물이라는 것을 망각하고 마치 개인 소유물인 양 착각하며 살아가는 경우도 더러 있습니다. 심지어는 현전승물로써의 인식조차도 없어 보일 때가 있습니다. 사방승물은 미래의 불교도들에게 전해야 할 승가의 공공자산이라는 점을 잊어선 안 됩니다. 그러니까 개인의 의지에 따라 마음대로 처분한다는 것은 있을 수도 없고, 생겨서도 안 될 일입니다. 따라서 사방승물은 사방승가에 해당하는 한국불교 전체 승가의 소유물로써 철저히 관리되어야만 합니다.

스님의 라이프 스타일

부정관과 살생에 관한 규율

『율장 대품』 '승단 추방죄법' 제3조의 기록에 의하면, 사람을 죽이지 말라는 계율은 불교의 수행법 중 하나인 '부정관(不淨觀, Asubha)'과 깊은 연관이 있습니다. 부정관이란, 욕망을 다스리기 위해 육신의 더러움을 관찰하는 것으로, 우리 몸도 죽으면 이렇게 허망한 모습으로 변한다는 사실을 명상하는 것입니다. 부처님의 가르침에 따라 초기불교의 스님들은 이 수행에 몰두했습니다. 부정관의 열 가지 자각은 다음과 같습니다.

1. 부풀어 오른 시체에 대한 자각
2. 푸르게 멍든 어혈을 지닌 시체에 대한 자각
3. 고름이 가득 찬 시체에 대한 자각
4. 부패해서 갈라진 시체에 대한 자각
5. 축생이 먹고 남은 시체에 대한 자각
6. 흩어진 시체에 대한 자각
7. 살해되어 사지가 흩어진 시체에 대한 자각
8. 피로 물든 시체에 대한 자각
9. 벌레들이 모여 우글거리는 시체에 대한 자각
10. 해골과 뼈만 남은 시체에 대한 자각

이렇게 우리 몸의 죽음을 적나라하게 살피는 수행을 하다 보니 스님들은 자연히 자신의 몸을 곤혹스러워하고 수치스러워하며 혐오하기에 이르게 되었습니다. 즉, 사람들이 스스로 꾸미기를 좋아해 몸을 깨끗이 하고 좋은 의복을 입고 몸에 향을 바르지만, 죽고 나면 악취를 풍기며 살이 문드러지고 퍼렇게 변해 점차 피고름이 흘러 벌레가 생기고 악취가 나게 된다는 사실을 자각하는 수행입니다. 이러한 모습을 직접 눈으로 보면서 육신의 무상함을 관하는 것이 바로 '부정관'입니다.

율장에서는 스님들이 이러한 부정관을 수행하다가 육신에 대한 무상함을 절실히 느끼고 스스로 죽기를 바라거나 죽음을 찬탄하다가 결국 자신의 몸에 대한 욕망을 버리려고 칼을 들어 자살했다고 전합니다. 스스로 목을 매고, 독약을 먹기도 하고, 높은 곳에 올라가 몸을 던지더니, 심지어는 서로 목숨을 해치는 지경에까지 이르게 되었대요. 결국 이 사실을 알게 된 부처님께서는 새로운 대안으로써 제자들에게 부정관 대신 수식관(數息觀, 호흡새김)을 통해 안락하게 법에 머무는 법을 지도하셨다고 합니다.

수식관은 산란한 마음을 집중시키기 위해 들숨과 날숨을 헤아리는 수행법입니다. 숨이 들어올 때는 마음을 모아 숨이 들어온다는 것을 알아차리고, 숨이 나갈 때는 마음을 모아 나간다는 것을 알아차립니다. 부처님께서는 호흡새김을 하면 고요하여 악하고 나쁜 현상이 일어날 때마다 즉시 사라지게 할 수 있다고 설하셨습니다. 구름이 몰려오면 구름을 사라지게 할 정도의 지복(至福)이 생긴다고 하며, 몸을 곧게 세우고 주의를 기울여 호흡새김을 하라고 하셨죠.

매일 매일 40명, 50명, 60명까지 죽어나간 승가의 자살 사건 이후로 스님들의 수행법은 이처럼 수식관 중심이 되었습니다. 한편, 자살 사건을 두고 부처님은 "어찌하여 명색이 비구라는 자들이 칼을 구해 자살을 하고 죽음을 찬탄하며 권한단 말이냐?" 하시며 제자들을 몹시 꾸짖으셨습니다.

그리고 계를 제정하여 "비구이거나 사람이거나, 혹여 사람을 닮은 존재가 고의로 남의 목숨을 빼앗는다든지, 칼을 주어 죽음을 권하거나 찬탄하면서 '이렇게 괴롭게 사느니 차라리 죽는 게 낫다'고 하며, 죽기를 바라고 갖가지 인연으로 죽음을 권하고 찬탄하여 죽는다면 그 비구는 더 이상 승가와 함께 살 수 없는 바라이를 범한 것이다."라고 하셨습니다. 이리하여 '불살계(不殺戒)'가 율장의 사바라이 중 세 번째 금계로써 제정되었던 것입니다.

이렇듯 불교는 자살을 명백한 살인죄로써 받아들였습니다. 남을 살해하는 것이나 자신을 살해하는 것이 똑같이 살인죄라는 것입니다. 하지만 자살하는 행위가 도덕적으로 비난받아 마땅한 죄라 하더라도, 지금은 자살 당시의 상황이나 환경에 대해 따져보려는 사람들이 더 많아졌습니다. 사실 속사정을 들여다보면, 그들이 자살을 하고자 한 데는 안타깝게도 다 그럴 만한 이유가 있었습니다. 참을 수 없이 고통스러운 병에 걸렸거나 경제적 어려움을 극복하지 못해서 생긴 우울증, 또는 인간 관계나 사회적 갈등으로 인한 정신적 · 육체적 고통이 죽음을 선택할 수밖에 없는 지경에 이르도록 했던 것입니다. 그러니 무조건 자살하지 말라고 외칠 것이 아니라, 자살하고 싶지 않은 사회를 만드는 것이 더 중요하겠죠.

언젠가 신문에서 남편을 자살로 잃게 된 한 여성이 강연에 나서서 "너 혹시 자살할 생각이니?"라고 묻는 것이 매우 큰 변화를 이끈다고 말한 것을 보았습니다. 자살하지 말라는 말보다 자살할 생각이 있는지를 묻는 말 한 마디가 혼자서만 끙끙거리며 죽음을 생각하는 이들의 마음을 열게 만든다는 것이죠. 살아가면서 고난을 겪지 않는 사람이 몇이나 있겠습니까? 그러나 우리는 태어났고, 우리가 진정 소유할 수 있는 것은 매 순간 그날그날의 시간일 뿐입니다. 미래를 고민하며 두려워 죽을 생각을 하지 말고, 현재에 놓치고 있는 것들을 찾아보는 것이 중요하다고 생각합니다.

스님의 라이프 스타일

주린 배를 채우기 위한 거짓말

승가는 청빈한 생활을 미덕으로 삼지만, 알고 보면 초창기부터 토지와 건물을 시주받아 그래도 넉넉하게 생활하고 있었던 편으로 보입니다. 물론 스스로 궁핍을 자처한 스님들도 많이 있었고, 평생 숲에 머물다 떠난 스님들도 허다했습니다. 그러나 어느 쪽이든 출가자는 인적이 전혀 없는 곳에서 살아갈 수는 없는 노릇입니다. 세상 사람들에게 의지해야만 살아갈 수 있는 존재들이기 때문이죠.

이 모든 것에는 조건이 있습니다. 바로 승가가 시주하는 사람들이 공양을 올릴 만큼 존경을 받아야 한다는 점입니다. 반대로 승가는 사람들의 보시를 받아 살아가더라도 그 보시에 휘둘리는 일 없이 조화롭게 수행에 힘써야 합니다. 재가불자들의 보시에 연연하여 세속에 아첨하지 말아야 하는 것입니다.

『율장 대품』 '승단 추방죄법' 제4조의 기록에 의하면, 기근이 심하게 들어 풀뿌리로 연명하던 출가자들이 먹을 것이 없어 걱정하던 중 이런 생각을 말합니다.

> 우리가 재가자들에게 서로서로 인간을 뛰어넘은 상태에 대해 '저 수행승은 첫 번째 선정을 성취한 자이고, 저 수행승은 두 번째 선정을 성취한 자이고, 저 수행승은 세 번째 선정

을 성취한 자이고, 저 수행승은 네 번째 선정을 성취한 자이고… 등등 찬탄을 하면 그들이 우리에게 보시할 생각을 할 것입니다. 그러면 우리는 화합하고 싸우지 않고 평안하게 안거를 보내고 탁발 음식 때문에 걱정하지 않을 수 있습니다. 벗들이여, 우리가 재가신자들에게 서로서로 인간을 뛰어넘는 상태에 대해 칭찬하는 것이 좋겠습니다.

말하자면, 수행의 높은 경지에 이르지 않았음에도 불구하고 음식을 원만하게 조달받기 위해 거짓으로 서로를 칭찬하자는 얘기예요. 실제로 이런 거짓 행위는 많은 재가자들에게 영향을 끼쳤습니다. 재가자들은 자신들도 먹을 것이 없었지만, 부모 형제보다 먼저 깨달았다는 출가자들을 챙겼거든요. 다른 수행자들은 마르고 수척하고 초췌하고 누렇게 뜨고 혈관이 붉어져 나왔지만, 거짓 소문을 낸 수행자들은 풍모가 훤칠하여 안색도 좋고 피부도 윤택했습니다.

결국 이 사실을 알게 된 부처님께서 제자들을 강하게 견책했습니다.

어리석은 자들이여, 그대들은 적절하지 않고, 자연스럽지 않고, 알맞지 않다. 수행자의 삶이 아니고 부당하며, 해서는 안 될 일을 행한 것이다.
어리석은 자들이여, 어찌 그대들은 배를 채우기 위하여 재

스님의 라이프 스타일

가자들에게 서로서로 인간을 뛰어넘는 상태를 성취한 것이라고 찬탄할 수 있단 말인가.

어리석은 자들이여, 그대들은 소를 잡는 예리한 칼로 배를 가를지언정, 결코 배를 채우기 위하여 재가자들에게 서로서로 인간을 뛰어넘는 상태를 성취한 것이라고 찬탄해선 안 된다.

왜냐하면, 어리석은 자들이여, 그 인연으로 죽음에 이르거나 죽음에 이르는 고통을 겪게 되기 때문이다. 뿐만 아니라 그 때문에 몸이 파괴되고 죽은 뒤에 괴로운 곳, 나쁜 곳, 타락한 곳, 지옥에 태어날 것이기 때문이다.

사회로부터의 보시가 없으면 불교라고 하는 종교는 유지될 수 없습니다. 그리고 그러한 보시를 받을 수 있을지 없을지는 출가자의 생활과 인격에 따라 달라지는 것입니다. 이렇게 말하는 것은 불교의 성쇠가 모두 그때그때 출가자의 자질에 달려 있기 때문입니다. 특히나 현대 사회를 살아가는 사람들의 교육 수준이 매우 높으니, 그만큼 불교를 보는 사람들의 눈도 엄격해진다는 말이기도 합니다. 출가자가 엉터리로 대충 살면 금방 들통이 나고 망신을 당하게 되니까요.

아직까진 신심 있는 불자들이 있어서 어떻게든 유지되고 있지만, 머지않아 출가자 한 사람, 한 사람의 자질이나 종단의 태도가 직접 문제가 되는 날이 올 것입니다. 출가자의 입장에서 보면 세상 사람들이 출가자를 평가하는 것이 긴장되고 괴로운 일일 수는 있겠으나, 한편으로 생각해보면 그것이 결국 불교라고 하는 종교를 더 단단하게 만들 것입니다. 사람들의 냉철한 시선에는 불교를 키우고 보호하는 측면도 있으니까요.

사실 요즘 세상에서도 도가 높은 스님에게 공양을 올려야 그 공덕이 더 크다고 생각하는 분들이 많습니다. 입장 바꿔 생각해보면, 그 심경은 십분 이해가 갑니다. 내가 재가자라도 그렇게 생각할 테니까요. 병이 들었을 때나 일이 잘 풀리길 바랄 때도 스님들께 보시하면서 병이 낫기를 바라고, 사업이 잘 풀리기를 기도합니다. 여하튼 인생이라는 것은 우리들의 뜻대로 되는 게 아니기 때문에, 풀기 어려운 화나 절망으로 가득 찬 삶 속에서 지푸라기라도 잡고 싶어질 때, 사람들이 출가자를 찾는 것은 어쩌면 당연한 일입니다. 그렇기에 자신이 먹을 것은 없어도 출가자들을 위해 선뜻 먹을 것을 내놓을 수 있는 것입니다. 그런 사람들의 마음을 이용하여 자기 배를 부르게 할 목적으로 거짓말을 했다면, 그야말로 큰 잘못입니다. 그렇기에 사바라이 가운데 네 번째 항목인 이 '망어계(妄語戒)'가 승단에서 추방되어야 할 죄인 것입니다.

스님의 라이프 스타일

다시 쓴 부처님과 제자들은 어떻게 살았을까

ⓒ 원영, 2019

2019년 11월 8일 초판 1쇄 발행

지은이 원영
발행인 박상근(至弘) • 편집인 류지호 • 편집이사 김선경
책임편집 김소영 • 편집 이상근, 양동민, 주성원, 김재호
디자인 쿠담디자인 • 제작 김명환 • 마케팅 허성국, 김대현, 최창호, 정승채, 이선호 • 관리 윤정안
펴낸 곳 불광출판사 (03150) 서울시 종로구 우정국로 45-13, 3층
　　　　대표전화 02) 420-3200 편집부 02) 420-3300 팩시밀리 02) 420-3400
　　　　출판등록 제300-2009-130호 (1979. 10. 10.)

ISBN 978-89-7479-485-9 (03220)

값 17,000원

이 도서의 국립중앙도서관 출판예정도서목록(CIP)은
서지정보유통지원시스템 홈페이지(http://seoji.nl.go.kr)와
국가자료종합목록 구축시스템(http://kolis-net.nl.go.kr)에서 이용하실 수 있습니다.
(CIP제어번호: CIP2019043152)

• 이 책은 대한불교조계종 교육원 교육아사리 지원사업으로 제작되었습니다.

잘못된 책은 구입하신 서점에서 바꾸어 드립니다.
독자의 의견을 기다립니다. www.bulkwang.co.kr
불광출판사는 (주)불광미디어의 단행본 브랜드입니다.